吉林文脉
传承工程

吉林文化丛书

吉林访古

（下）

吉林省文物考古研究所 ◎ 编

北方妇女儿童出版社
·长春·

图书在版编目（C I P）数据

吉林访古．下 / 吉林省文物考古研究所编．-- 长春：
北方妇女儿童出版社，2024.12
（吉林文化丛书）
ISBN 978-7-5585-8166-3

Ⅰ．①吉… Ⅱ．①吉… Ⅲ．①文物—考古—吉林
Ⅳ．① K872.34

中国国家版本馆 CIP 数据核字 (2023) 第 247738 号

吉林访古 下
JILIN FANGGU XIA

总 策 划	于　强
出 版 人	师晓晖
策　　划	陶　然
责任编辑	刘聪聪
版式设计	长春市一行平面设计有限公司
开　　本	787mm×1092mm　1/16
印　　张	15.25
字　　数	300千字
版　　次	2024年12月第1版
印　　次	2024年12月第1次印刷
印　　刷	吉林省恒盛印刷有限公司
出　　版	北方妇女儿童出版社
发　　行	北方妇女儿童出版社
地　　址	长春市福祉大路5788号
电　　话	总编办：0431-81629600
	发行科：0431-81629633

定　　价　138.00元

吉林访古

下

《吉林访古　下》编辑委员会

主　编： 李　丹（吉林省文物考古研究所）

副主编： 包艳玲（吉林省文物考古研究所）　孟庆旭（吉林省文物考古研究所）

编　委：（按姓氏笔画为序）

卢成敢（吉林省文物考古研究所）　李宁宁（吉林省文物考古研究所）

刘晓溪（黑龙江大学）　张　哲（吉林省文物考古研究所）

武　松（吉林大学）　苗诗钰（吉林省文物考古研究所）

赵里萌（吉林大学）　聂卓慧（吉林师范大学）

顾聆博（吉林省文物考古研究所）　解　峰（吉林省文物考古研究所）

目录

CONTENTS

目录

CONTENTS

目录

CONTENTS

海东王都

公元 698 年，长白山脚下，一个被称为靺鞨的古老族系在首领大祚荣的带领下，庆祝刚刚取得的胜利，他们从唐朝管辖的营州（今辽宁朝阳）回到祖先居住的长白山下，开始在这里建立新的家园。

《旧唐书》记载：“渤海靺鞨大祚荣者……据东牟山，筑城以居之。”大祚荣在东牟山定都，建立震国，希望自己的后人在这里世代繁衍，安定生活，东牟山被推测在今吉林省东部地区，关于其具体位置目前还未达成共识，有“敦化说”及“图们磨盘村山城说”等多种观点。

公元 713 年，唐朝册封大祚荣为渤海郡王。由于这一时期民族内部安定，富于进取，积极吸收周邻所长，经济文化发展迅速，国力不断增强，得以使它以新兴的姿态出现在当时的东亚民族之林。

然而，东牟山没能成为渤海国的常驻之都，随着与唐王朝的交好和渤海国的强大，他们需要一个更为体面的都城。

《新唐书》记载：“显州，天宝中王所都。”由此可以推测，大祚荣的后人们离开东牟山后，又曾在显州这个地方建立过都城，主导这次迁都的首领就是渤海国的第三代王——大钦茂。

如果说大祚荣完成了建国初期的“开拓境宇”，大钦茂的这次迁都则更显得意义重大，他着手“开置郡邑、厘定州界”，使渤海国出现了“五京、十五府、六十二州、百余县”的兴盛局面，唐朝文献称之为“海东盛国”。

渤海国存世期间，前后更迭 15 代王，历经 229 年，曾 4 次迁都，742 年迁至中京显德府，755 年迁至上京龙泉府，785 年迁至东京龙原府，794 年复迁上京龙泉府，此后一直以上京为都，直至 926 年被契丹灭亡。

那么，他们为何不惜花费大量人力、物力频繁迁都？古老的民族曾经历了哪些沧桑旧事？又演绎着怎样的传奇呢？

中京显德府

距吉林省和龙市西城镇 4000 米处，一座唐代渤海国城址伫立于此。这里就是西古城，也是渤海中京显德府城址，是目前国内发现为数不多的完整的渤海国建筑遗址之一。第三代王大钦茂继位以后，为了巩固政权、发展生产，将国都迁至于此，这也是渤海国走向繁荣昌盛的龙兴之地。

由于契丹灭渤海的时候采取的是焚城迁民的政策，所以渤海国的史料基本付之一炬。有关西古城的著录，最早见于 1908 年吴禄贞撰写的《延吉边务报告》，但其将西古城界定为金代城址，错误是显而易见的。从 20 世纪 20 年代开始，以鸟山喜一为主的日本人对东北地区文物古迹进行了掠夺式考察，并对西古城城址实施了数次盗掘，其中 1937 年《间岛省古迹调查报告》中刊发了藤田亮策绘制的“西古城子土城平面实测图”，为迄今可查到的最早的西古城城址平面图，上面标注了西古城城址内城存在 5 座宫殿址。

为探寻古老的民族历史上不为人知的秘密，2000 年的一天，吉林省文物考古研究所的考古队伍进入了这片神秘的土地，开启了对西古城为期 5 年的考古发掘。

西古城分为内城和外城，外城周围 2700 米，面积 0.46 平方千米。内城周长 1000 米，面积 0.06 平方千米。经过数年的发掘，西古城形制已基本清楚，中轴线布局，即全城以内城南门为中心，外城南门、内城南门、外城北门在同一直线上构成中轴，中轴上存在贯穿南北的道路，为西古城的中央大街，根据考古

西古城全景（西南—东北）

西古城一号宫殿址（西北—东南）

钻探，这条大街长约350米，宽约10米，主要是以鹅卵石与砂砾、黄黏土碾压而成，道路平坦而结实。

内城的5座宫殿建筑呈“十”字形布局。其中一、二、五号宫殿由南向北依次坐落在内城的南北向中轴线上；四、二、三号宫殿由西向东依次坐落在内城的东西向中轴线上。

一号宫殿址区域为复合式建筑格局，整体布局包括一号宫殿主殿及东西对称分布的廊庑。主殿修建在台基之上，呈横向长方形，台基由夯土层、河卵石层交替构筑而成。台基四周残存“土衬石”、地面散水、石钉等设施。台基上柱网础石已不存在，推测它应是回字形建筑。主殿通过东、西廊道与东、西廊庑相连。东、西廊庑台基低于主殿，两侧廊庑台基均呈纵向长方形轮廓，营建方式相同。一号宫殿北侧通过廊道与二号宫殿相接，二号宫殿与东西两侧的三号宫殿、四号宫殿呈“一”字形排列。二号宫殿址区域为复合式建筑格局，包括二号宫殿主殿及东西两侧配殿。主殿台基为横向长方形轮廓，地表以下有建筑基槽。台基北缘外侧邻近东北端角、西北端角处，分别向北延伸出1个位置且左右对称，推测应是烟道设施。台基上部柱网设施全部遗失，二号宫殿可能与寝殿相关。三号宫殿址及四号宫殿址均为单体建筑，台基呈横向长方形轮廓，为四周环绕外廊、内置两间主室的建筑格局，有烟道及排水设施。三座宫殿相互独立又彼此连接，成为同一建筑布局的有机组成部分，这似乎也从侧面反映出渤海人学习中原土木工程，注重平面布局组合的建筑理念。

此外，内城中还出土了大量建筑构件。其中板瓦、筒瓦上戳

西古城二号宫殿址（北—南）

西古城三号宫殿址（西北—东南）

西古城四号宫殿址及一号房址（南—北）

西古城五号宫殿址（南—北）

印刻画的文字及符号、六瓣莲纹主题的瓦当，构成了西古城城址建筑用瓦的鲜明特色。古代王城是权力的象征。这些华丽的建筑构件的存在，似乎恰恰反映出西古城曾经拥有的繁华盛世。

渤海城址的建筑使用的建筑构件有三类：第一类，城址内所有的建筑都不使用瓦；第二类，城址内一些建筑使用瓦；第三类，城址中不单使用瓦，还使用釉陶质地的瓦。在古代社会，它的等级制度可以通过建筑结构规模体现出来，也可以通过建筑构件体现出来。

文献中记录，渤海有四个地点曾经做过都城。建国都城，即所谓的“旧国”，因为政权刚建立起来，可能不具备烧制釉陶的经济实力，或者还没有掌握这种工艺的制作技术，建国初期更多考虑的是军事性扩张领土，所以不可能建立一个规格较高的城址。按照文献记载，第二都城显州距离渤海国成立已经过去近 50 年，疆土已经具有一定的规模，同时也具备一定的经济实力，客观上来说，它已经具备了烧制釉陶建筑构件的能力。

“天宝末，钦茂徙上京，直旧国三百里。”这是《新唐书·渤海传》中对渤海迁都的又一次记载。意思是说，在唐朝天宝末年，渤海王大钦茂将王城迁都至上京。从时间上来看，渤海王大钦茂在西古城居住的时间仅有 10 余年，之后就迁都到了黑龙江的上京龙泉府。是什么原因，让这位渤海王将王城向北迁移呢？

古代史书中留下的线索很少，考古发掘获取的信息量也非常有限。根据文献记载，大钦茂迁都显洲期间，唐玄宗天宝末年，即公元 755 年，唐朝将领安禄山与史思明叛唐起兵，向唐王朝发起了一场争夺统治权的内战，这场战争成为唐王朝由盛而衰的转折点，这就是“安史之乱”。

鸱尾

套兽

兽头

绿釉筒瓦

建筑构件

瓦当

当时，身兼范阳、平卢、河东三地节度使的安禄山统辖范围极为广泛，甚至包括现今河北省及北京一带。从地点上来看，与渤海国所处的东北地区并不十分遥远。因此，学术界一度有一种说法，当时的渤海国极有可能为避免战火波及本国，从安全的角度考虑，而有了将都城迁移的做法。这种推测与历史事实是否相符，现今还没有充分的证据能够进行证明。而西古城，它就矗立在这里，在历史的冲刷中，诉说着千年前一代王城的繁华与兴盛。

再迁东京龙原府

“万里寻修”“繁荣贸易”是促进渤海国本地经济发展、文化繁荣的必由之路。但即使是这样，渤海国的第三代王大钦茂似乎并不安于现状。他首先将都城迁至上京（现今位于黑龙江省宁安县的上京龙泉府），30 年后又将都城迁移到了东京龙原府，也就是今天吉林省珲春市的八连城，并在这里主持朝政长达 9 年，直到 793 年病逝。

八连城位于延边朝鲜族自治州珲春市，地处图们江下游珲春河冲积平原，西距图们江 2500 米，东距珲春市区 6000 米。早在 20 世纪 20 年代，鸟山喜一等日本人多次对八连城进行调查及发掘，并对城址进行了测绘，提出八连城为渤海国东京龙原府故址的学术观点。自 20 世纪 50 年代以来，吉林省文物工作者曾多次对八连城遗址进行调查及测量，并对遗址进行了保护。1961 年，八连城遗址被公布为吉林省重点文物保护单位；2001 年被国务院公布为第五批全国重点文物保护单位。

2004 年，吉林省文物考古研究所、吉林大学边疆考古研究中心对八连城遗址开展了长达 6 年的考古发掘。

八连城城址有内、外两重城垣，分别构成内、外两城，城墙均为土筑。外城平面近方形，城外有护城壕。内城位于外城中央略偏北，平面呈长方形，东西长 216.4 米，南北长 317.6 米，南墙中段内折，中央设城门。

八连城建筑遗迹集中分布在内城北侧，在纵向中轴线上有两座宫殿址。第一号建筑址位于内城几何中心，单体规模最大；二号建筑址位于一号建筑址北侧。两座宫殿址两侧均有附属建筑，东西两端各与一条南北向廊庑相接，中间由“十”字形廊道连接。二号建筑址东西两侧各分布一座大型建筑址，三座宫殿建筑东西一线，横贯于内城北部。

现在我们能够看到的渤海城布局，上京城有三重城：最内部的宫城、中间的皇城、外部的外郭城。按照魏存成先生的观点，渤海上京城第一次作为都城的时候，只营建了三重城的宫城部分，宫城的规模和结构与西古城是一样的。但是在渤海迁都八连城以后，我们现在看到的八连城的城市规划，就与西古城和渤海上京城有一定的差别。西古城的城市轮廓和渤海上京城的城市轮廓大体上呈一种纵向长方形，长宽比例的差异性还是存在的。 但是到了渤海迁都八连城以后，八连城已经接近方形城了，也就是说从城市轮廓来分析，西古城和第一次为都的渤海上京城相比，它更多体现出的是一种纵向长方形的城市轮廓。八连城则体现的是一个接近方形的城市轮廓，长和宽比例几乎相仿。

城市形制上的变化，让专家们陷入思考。西古城和八连城与位于黑龙江省宁安县的渤海上京龙泉府相比，规模小了不少。渤海第三代王大钦茂为何要在迁都上京龙泉府之后，再度迁至珲春的八连城呢?

历史回溯到千年前，曾经繁华一时的渤海国，拥有 5 条对外交通干线，除了朝贡道，还有一条名叫日本道。八连城所在的位置为图们江下游地区。早在战国两汉时期，长期定居在图们江流域的秽貊系北沃沮民族，南北朝时期，这里的人们经常乘船出海，捕鱼充食，有时延伸至日本海捕捞，这是东北古代民族海洋经济的开端。唐代文献曾记载渤海人进贡过“南海之鲸目”。唐代渤海时期，珲春八

八连城—内城建筑址航拍片（上北）

连城作为渤海的重要行政中心，成为连接渤海与日本之间的水陆枢纽地。

大钦茂是一个有作为的君主，在渤海上京城待了30年后，为了向海上发展，尽收鱼盐之利，在生命最后的时段，他把都城由上京龙泉府迁到了东京龙原府。八连城作为渤海国都城9年的时间里，一度成为渤海国的政治经济文化中心。在史书中记载，八连城还是日本道的交通枢纽，中日两国互相往来，一共有34次，其中32次是从珲春出发的。其中仅八连城作为都城的近10年里就有20次之多。

还有一种说法是一种政治斗争的结果。一股新兴的政治力量为了脱离大钦茂的势力范围，要建立一个新的都城，以便于统治，所以迁到了八连城。

公元793年，大钦茂因病在东京龙原府离世，宫廷内部权力之争和矛盾日趋恶化，其政权旁落族弟大元义手中，但很快他又被“国人杀之”。渤海王室拥立宏临之子大华玙为第五代王，大华玙在东京龙原府嗣立为王以后，为缓和矛盾，中兴国势，于公元794年，匆忙将王都由东京龙原府迁回到位于现今黑龙江省宁安县的上京龙泉府，直至渤海国灭亡，再未迁都。从此，和龙西古城和珲春八连城逐渐失去了昔日的风采。

在八连城第一号建筑址殿基倒塌堆积中发现了“维次甘露元”纪年铭文板瓦压当条，证明渤海亡国后东丹曾对八连城建筑址进行修缮，辽天显三年（928年），东丹南迁辽东，徙渤海旧民，上京城连同渤海诸城遂成废墟。

尽管如此，这两座古城作为中京显德府和东京龙原府，同时又分别是渤海“朝贡道”和“日本道”上的交通枢纽，为此后海东盛国——渤海国的壮大，留下了许多故事，同时也保存了准确的地标。

“维次甘露元”压当条

长白古塔

长白朝鲜族自治县位于我国东北边陲的鸭绿江畔，这里钟灵毓秀，环境优美，人文景观丰富，名胜古迹众多，其中最著名的就是坐落在长白县城北面的一座古塔——灵光塔。灵光塔位于长白县长白镇西北郊塔山西南端一平坦的台地上，海拔 869 米，北约 200 米，有一览峰。塔山南约 1000 米处，鸭绿江由东向西流，塔高出鸭绿江水面百余米。鸭绿江和塔山之间为东西长约 2500 米、南北宽约 1000 米的盆地，原名塔甸。西为沟壑，梨树沟河由北向南注入鸭绿江。

传说与发现

据当地传说，千年前，宝塔就已在此地，一到夜晚便金光四射，为百姓指引方向，当地百姓叫它灵光塔。

一天，两个盗者趁月黑风高，盗走了镇塔的三尊金佛。就在他们得意忘形地划着木船，在鸭绿江上顺流而下逃跑时，船撞上了无名的礁石，船毁人亡，金佛也不知去向。从此，江面上白浪滚滚，势如白马奔腾，危险异常。作恶多端者过江必送性命，行善积德者行舟则是平安无事。

失去了金佛的灵光塔，不仅夜晚不再发光，还成了毒蛇的藏身之地。为消灭毒蛇，镇守长白山天池的神龙腾云驾雾，直扑塔山，将毒蛇擒拿，但由于神力巨大，神龙带走毒蛇时，也把塔尖带走了两层，于是七层高塔变成了如今的五层。这一传说也给这座塔披上了神秘的面纱。

那么，灵光塔是如何被发现的，它的名字又是如何而来的呢？

“灵光塔”为近代题名，原名无考，始建确切时间不详。清末宣统元年（1909 年）四月至五月，长白府设治，总办张凤台等为筹建长白府衙署到塔甸（长白镇）相度地势，见山上有古塔一座，年代久远，如西汉时鲁（山东曲埠）之灵光殿，历经战乱而岿然独存，遂取名为灵光塔，塔所在之山名为塔山。秋八月，长白府在灵光塔右前侧盖木石小房三间，名曰“塔山精庐”，请王姓道士居住，一方面可以护塔，另一方面修炼，精庐后毁于战火，现留有清代“塔山精庐”遗址。

年代及性质

关于灵光塔的建筑年代，文献记载较少，张凤台曾在《长白汇征录》中记载：“塔身五层，围八丈，虽无碑碣可考，按法库门古塔，金石家称为元塔，以此类推，其为辽元间古迹无疑。”

在清《长白山江岗志略》中也有记载：“此塔相传唐时所建，塔底砖方可盈尺，泥质不甚细腻；塔顶明时被烈风吹折，今尚阙。”可见塔顶早于明时毁坏。

文献记载的多样性让塔的始建年代扑朔迷离，也越发催生了考古学界探秘它的想法。

渤海是一个神秘的国度。它曾在公元698年至926年活跃在中国东北大地，是东亚古代历史上的一个以靺鞨族为主体的民族政权。渤海按唐制建立政治、经济制度，全盛时辖境有五京、十五府、六十二州，其文化深受唐朝文化影响，享有“海东盛国”的美誉。

那么，眼前的灵光塔为什么被认定为是渤海国人所建呢？

1981年和1982年，两年里，考古工作者对灵光塔进行了科学考察，试图解开古塔的身世之谜。中国著名古塔专家张驭寰先生于1982年曾经考察灵光塔，他认为灵光塔是典型的唐塔，具有唐代塔的基本形状，为楼阁式空心塔。

灵光塔平面呈方形，整体结构、形态和西安的大雁塔类似。大雁塔坐落于陕西省西安市南，曾经的唐朝长安城晋昌坊的大慈恩寺内，是我

国现存最早、规模最大的唐代四方楼阁式砖塔。而灵光塔2~5层为直棂窗口，形状与西安唐代大雁塔相似。同时，灵光塔的所在地长白县在当时的渤海国疆域内，因此，考古学界认为，这座塔是东北地区仅存不多的唐代古塔。

除此之外，学者们还有其他发现，灵光塔和远在千里之外的渤海贞孝公主墓有相似之处。一个是塔，一个是墓，怎么会有相似之处呢？

贞孝公主墓位于现在吉林省和龙市，于1981年被发掘，墓内绘有壁画，发掘时清晰可见，并且发现有墓志，明确了墓主人为渤海国第三代王大钦茂的第四女，地面尚存方形砖砌墓塔残基。此外，此墓地的M10为塔墓。说明渤海人用塔的形式来埋葬，高等级的人是有一个定式的，也恰好说明渤海人接受唐的文化，而且用了最高级别的东西。

按照专家们所说，长白灵光塔是否也和贞孝公主墓一样，是一座渤海国时期的墓塔呢？长白灵光塔是唐代风格的塔，应当是佛教的塔。但贞孝公主墓上面有塔，而且在贞孝公主墓所在墓区的

灵光塔全景

另一座墓也在墓顶上建塔。另外，在珲春马滴达，也曾发现过旧塔基，塔已倒塌，但塔基还在，已做过清理，塔基下面就是地宫，里面有遗物，因为是佛教的塔，故可能埋有舍利。在调查长白灵光塔的时候，忽略了塔底是否存在地宫，这个塔的地宫直到 1987 年维修的时候才做过简单清理，由于塔门楣石已经断裂，随时有坍塌的风险，在内清理十分危险，所以当时仅匆忙做了调查，地宫已被盗掘，内部出土遗物仅有鎏金的环等，从这些物品分析，它不是放置舍利盒的，更可能是个墓葬。

长白灵光塔是一座墓塔，这样的声音逐渐占了上风。那么，塔下埋葬之人是谁？他又有着怎样的身世，才配得上如此宏大之厚葬呢？

形制及出土遗物

灵光塔始建于唐渤海年间（698—926 年），距今有 1300 多年的历史，是全国范围内唯一的一座渤海时期的地上遗存。

灵光塔为砖结构方形五级楼阁式空心砖佛塔。由通道、甬道、地宫、塔身及塔刹五部分组成，地下有排水道。通道位于甬道前，作阶梯式，修有 11 级台阶。甬道后为地宫，平面呈长方形，南北长 1.9 米，东西宽 1.42 米，高 1.49 米。墙壁四壁为砖砌，表面抹白灰，原有影作木结构的彩绘，南壁甬道，有砖阶与地面相连。后墙中央偏东处有一石块砌筑的台座，放置舍利用。塔基在地宫盖石顶部，夯筑而成。塔基上部为塔身，塔身通高 12.8 米，由长方砖、圭形砖、多角形砖砌筑，高 5 层。地宫塔身底部每边长 3.3 米，逐层收分，层间平行叠涩砖檐，叠涩间隔以菱角牙子，塔身第一层正面辟拱券门，第二、三、五层设方形小龛，第四层正面和第二至五层东西两侧均有方形直棂窗。塔刹已佚，据史料记载，灵光塔的塔顶是明朝时被风吹断的。直到 1936 年，当地才为其安

灵光塔近景

灵光塔塔门

灵光塔塔刹

装了塔顶和塔刹。工匠们将铁铸大锅扣串在一起做成塔刹，安放在了塔顶。1984 年维修时补葺为葫芦状，用圆底金属盆双双扣合起来，似古代将士头盔，在阳光映照下熠熠生辉。各层檐角悬挂风铃，江风拂过，铃声轻鸣……

塔身第一层四面绘有线刻花纹，精心雕刻的莲瓣花纹砖为古塔增添了丰厚的历史感和凝重的美感，而每面之上各镶嵌着的字型砖也引起了考古人员的注意。曾有观点认为，东、南、西、北四面的花纹可能系象形文字，分别为“国” “并” “王” “土”四字，按顺序可读作“王并国土”。

经过岁月的洗礼，灵光塔的砖墙留下了许多斑驳的痕迹，但人们仍能从中窥见古人建筑工艺的细致与精巧。灵光塔的四壁伴随“王并国土”四个文字砖，花纹遍布，颇具佛教色彩。

灵光塔的纹样做得非常简单，东西两壁为莲花，叫正视莲花 ，或者叫重瓣莲花。西壁保留了莲花图案原有的风貌。花叶呈桃形。东壁修补后，重新刻的纹样，从底上看是比较新的，花纹上的花叶呈三角形，和西壁呈桃形有很大差别。另外，它的外圈叶子比较大，延展部分像壁龛的外围，所以这里是后修补的。从整个艺术水平来看，西壁的艺术水平高，是

塔身第一层东侧
线刻花纹

塔身第一层南侧
线刻花纹

塔身第一层西侧
线刻花纹

塔身第一层北侧
线刻花纹

写实的；东侧明显逊色，东壁在维修的时候，工匠可能是模仿。而西壁原有的纹绣师，当时是按照图样来做的，是怀有一种虔诚的心境去做。所以看着有明显差别。南北壁装饰云纹，北壁的云纹是双尾云纹，中间托了一个宝珠。在佛教，一般叫作火焰珠，也是佛教的象征，南壁也是两种云纹。但它把云纹给分开了，渤海人把南壁和北壁做得不一样，说明非常简单的花纹也设计得比较巧妙。

渤海佛教来源是多样的，推测有多个来源途径。东北在渤海之前，就已经有佛教，如在北魏时期，辽宁就已经有了佛塔。高句丽晚期，也有佛教传入，在珲春古城村 1 号寺庙址，发现了早于渤海时期的佛教遗存。到了唐朝的时候，海渤的佛教也受到唐朝的深刻影响，塔的形制非常接近。

石佛首

灵光塔甬道处出土了陶器口沿 5 件、器底 1 件、器耳 1 件、甑器底 6 件、陶瓦 8 件、陶片 4 件，以上器物与塔山下长白古城出土的器物在形制和制法上基本属于同一时期。长白古城属渤海时期古城，由此可以看出灵光塔与长白古城都属唐朝渤海遗迹，并且两者之间有必然联系。灵光塔拱券门前出土了 1 件佛首，为长白高岭石材质，可能是放置在塔身小龛中的佛教遗物。在灵光塔周围出土了 4 件风铎，后仿照风铎式样重新铸造了 20 件，分别挂在各层塔檐四角。塔周出土了刻有文字的砖，文字有“子”“子子”等。

纵观塔所处的地理位置，它坐落在长白县塔山西南端的台地，也就是长白山龙岗山脉上，紧临鸭绿江畔。这里在千年之前并非繁华之地，那么，渤海国人为何在这个濒临大江和大山之处耗资筑造此塔呢？是作为交通要道，还是因为频繁的朝贡？此说从何而来？

文献记载渤海国为五京制，西京领神、桓、丰、正四个州，其中的一个州在离灵光塔不远的地方，今天的抚松县发现了一个城，叫抚松新安古城。

有人认为它是渤海国的丰州，那么正州可能就在通化市，今天我们看到，临江一带，可能就是神州，神州是西京鸭绿府的首州。据《新唐书·渤海传》记载："东京龙原府，日本道也。南海（府），新罗道也。鸭绿（府），朝贡道也。长岭（府），营州道也。夫余（府），契丹道也。"

今日的临江，是渤海取道登州，直抵唐都长安城中间的唯一较近的古道。当年渤海王子、使臣们每赴长安城，都是从临江下水乘舟前往，而唐朝的使臣也是从长安陆续辗转至登州、辽东、临江、长白，最后到达渤海国。来自大唐的丝绸、布匹还有瓷器，转眼成为渤海人偏爱的奢侈品。

而在此之前，还有一样东西早已被引入这里，那就是佛教文化。

灵光塔遗存也证明了渤海佛教的兴盛。因为，灵光塔并非位于渤海都城，它离都城很远，可以说是在一个比较偏僻的地方。在离都城很远的地方有这样一个灵光塔，且能一直保持下来，说明渤海国的佛教很兴盛。实际上我们考古发现了很多渤海的塔基，有方形的和八角形的。八角形的没有保留下来，只有方形的保留了下来。在全国来看，唐代的塔能保留下来的也不多。所以这个塔对我们研究渤海国历史，研究中国古代建筑，研究中国佛教史和佛教建筑，都具有重要的意义。塔平面呈方形，它的构筑特点和后来东北常见的辽金塔有很大的不同，它的造型体现了唐代的风貌和特点。

灵光塔的保护

1955 年，长白县政府组织工程人员对塔基进行了加固，砌了石座加以保护。

1980 年 6 月，通化地区长抚靖文物调查组对灵光塔进行了重点调查，完成了拍照、绘图、采访和材料收集工作。同年，鉴于灵光塔东南部已明显下沉、倾斜，长白县政府拨款用以维修和保护。

1981 年 4 月 20 日，灵光塔被列为吉林省第二批重点文物保护单位。9 月，吉林省文物局、通化地区文管办到长白县就灵光塔保护问题进行研究，决定在灵光塔周围安设铁护栏。同年，吉林省政府、长白县政府拨款在灵光塔四周修筑了铁护栏。

1982 年 6 月 26 日，经中国科学院自然科学史研究所鉴定灵光塔是唐代渤海时期塔。8 月至 9 月，长白县文化局对灵光塔进行测绘。

1984 年 5 月至 9 月，吉林省人民政府拨款 7 万元对灵光塔进行了一次全面维修，由于塔身严重倾斜，此次维修中将塔身第三、四、五层拆卸重新复位，向北位移 70 厘米。考虑地宫濒临坍塌，故用水泥砂浆灌注填充地宫，又在塔内设置钢架支撑塔身，按 1936 年安装的塔刹式样铸造铁件重新安装，并依出土风铎式样铸造风铎安装，同时在塔刹顶部安装了避雷针，对塔身破损处也进行了修补。6 月，吉林省考古研究所方起东查看灵光塔维修时发现了地宫。同年 7 月，灵光塔南侧发现一座被破坏的砖室积石墓。

1988 年 1 月 13 日，经国务院核定公布灵光塔为全国重点文物保护单位。同年，国家文物局拨款 80 万元用于灵光塔地基加固压力灌浆工程。

2000 年，国家文物局拨款 30 万元用于灵光塔防渗墙体和防渗地面工程。

1998—2003 年，长白县文物管理所一直坚持对灵光塔塔身倾斜和地下水位变化情况进行测量。

2003 年 11 月，展开灵光塔环境整治项目，包括建设保护管理用房、山下停车场、加宽景区条石台阶、拓宽通往灵光塔公路、烈士陵园迁移、塔山公园建筑物拆迁、植被恢复和绿化七个方面建设内容。

2008 年，对灵光塔本体进行了修缮，并按照河北古建所设计的避雷方案安装了避雷针。

长白灵光塔是唐代渤海时期的建筑，此塔形制与西安荐福寺塔（小雁塔）相似，已有千余年历史，是渤海时期留存地面唯一的一座比较完整的古建筑，也是东北地区最早的古建之一。灵光塔有力地证明了唐代中原地区的文化对渤海的影响，其建筑艺术是与中原文化交往的实物见证。灵光塔的存在，为研究中国疆域史、渤海国史、佛教文化史、建筑技术史以及与中原文化的关系等提供了宝贵的实物资料。

历经数千年栉风沐雨，灵光塔犹如镶嵌在白山黑土地上的一颗明珠，虽微微倾斜，但屹立不倒。灵光塔正以其独特的风姿，吸引着越来越多的中外游客。

它诉说着历史的变迁，见证着时代的发展，闪耀着历久弥新的光芒。

公主之墓

公元 7、8 世纪，唐王朝政治强大、经济繁荣、文化发达，并成为吸引多个国家和地区前来朝贺的亚洲文明的辉煌中心，同时进一步发展了以儒家思想为核心，以汉字为传播媒介的汉文化圈，其影响辐射四方。

公元 698 年，长白山脚下，靺鞨粟末部首领大祚荣据东牟山筑城，建立震国。公元 713 年，唐朝封渤海第二代王大祚荣为渤海郡王，加授其为忽汗州都督。

公元 737 年，第三代王大钦茂即位，历经前两代的开拓，这时候，渤海国已发展成为地域辽阔、人口众多的繁盛地区。大钦茂着手“开置郡邑、厘定州界”，渤海国出现了“五京、十五府、六十二州、百余县”的兴盛局面，唐朝文献称之为“海东盛国”。当时人心思定，倾慕华风，向往内地，大钦茂顺应时势，一改武力征伐为“文治”。

虽然渤海文化呈现出多元特征，但其中的“唐风”尤为浓厚。那么，唐朝对渤海到底产生了哪些影响，又是如何体现的呢?

根据文献记载，“仁安”“大兴”“宝历”“中兴”“朱雀”“太始”“建兴”“咸和”皆为渤海国的年号；“仁秀”“元义”“明忠”则为历代渤海国王取名用字。在渤海中央行政机构中，“三省六部”的“六部”，分别以“忠、仁、义、礼、智、信”命名。这既体现了儒家文化的思想内蕴，又彰显出渤海国上层贵族对汉字文化的深刻理解。

那么，汉字是何时传到这里的呢？又对渤海文化究竟有多深的影响呢？在对渤海文化的研究中，贞惠公主墓及贞孝公主墓占有重要地位，为我们研究唐代中国边疆地区及渤海文化写下了浓墨重彩的一笔。

贞惠公主墓

在吉林省敦化市东南5000米处的六顶山，因其具有东西走向、呈“一”字排开的连续6座山包围而得名。在很久之前，当地群众就发现山中分布有墓群，主要分布在最高的第二峰南坡，北依山岗，南临平原，牡丹江自西向东流经此山。向南有一条延伸的山脊，将山的南坡分为东、西两个山坳，墓群就分布在这两个山坳之中。

敦化六顶山正射影像图

贞惠公主墓南壁

时光回到1949年，当地敔东中学的一群师生在这里开展户外实践教学，发现了此处存在古墓，由此打开了尘封已久的渤海高等级墓葬的大门。这些墓葬中就包括贞惠公主墓，虽然墓葬已被盗掘，内部的陪葬品多已不见，但发现了一对石狮和一古墓碑，这为确认墓葬的性质及墓主人身份提供了关键的证据。1959年，吉林省博物馆、东北师范大学历史系对墓群进行了正式发掘清理。墓群分为Ⅰ、Ⅱ两个墓区，现存墓葬235座。墓葬按照材质的差异分为土坑墓葬和石构墓葬两大类。土坑墓葬主要分为单棺或双棺两类，多棺椁并用。部分墓葬封土外围以块石包砌有数道石墙，用以稳固封土。石构墓葬分为石棺墓、石椁墓、石圹墓、封土石室墓、无封土石室墓几大类。报告中提出六顶山古墓群为渤海前期王室贵族墓地。1961年，六顶山古墓群被国务院公布为第一批全国重点文物保护单位。

贞惠公主墓位于Ⅰ墓区的中央，随着发掘的进行，其形制和结构也呈现在人们眼前。地面上有圆丘状封土堆，封土中下部构筑有防止封土流失的石墙。墓室修建于地下，平面近方形，南北长2.80~2.94米，东西宽2.66~2.84米。四壁采用大小不等的熔岩或玄武岩逐层平砌，大小石块相间错列，共8~9层，四壁自下向上逐层略内收，表面涂厚约1厘米的白垩土。墓室顶部为抹角叠涩藻井，从墓室四壁以上，用13块大石板抹角叠砌。墓室内有用一块大型石板构筑的棺床。墓室南壁中央有长11米的墓道，墓内出土有雌雄石狮各一尊、墓志碑一方、鎏金圆帽铜钉等珍贵文物。墓中的石狮造型浑厚生动，具有明显的唐代风格。

贞惠公主墓石狮

贞惠公主墓墓碑

贞惠公主墓碑是首次发现的渤海石刻文字，明确了墓主人的身份为渤海国第三代王大钦茂的次女贞惠公主，她的身份地位自是不容小觑。然而，由于墓室早年被破坏，眼前的墓碑成了考古队人员解开大墓之谜的最重要线索。这块墓碑呈圭形，由花岗岩打造而成，通高 90 厘米，宽 49 厘米，厚 29 厘米。

正面刻有碑文 21 行，序 13 行，铭 6 行，末行记录有立碑年月，总计 725 字。其中，有 491 字依然清晰可识，其余的 234 字已经斑驳难辨。

时间的冲刷，擦不去历史印记。经过考古人员的仔细辨认和研究，碑文的内容被释义："公主者，我大兴宝历孝感金轮圣法大王之第二女也。惟祖惟父，王化所兴，盛烈戎功，可得而论焉……谁谓夫婿先化，无终助政之谟；稚子又夭，未经请郎之日……粤以宝历四年夏四月十四日乙未终于外第，春秋四十，谥曰贞惠公主……其年冬十一月廿四日甲申，陪葬于珍陵之西原，礼也……"

通过墓碑的记录，我们可知贞惠公主死于公元 777 年（渤海宝历四年），并于公元 780 年（渤海宝历七年）葬在六顶山，陪葬于珍陵之西原。贞惠公主墓碑的文体是唐代的骈文体，其写作技巧总体来说是俪句骈偶，讲求对仗；平仄和谐，声调铿锵；使事用典，富于辞藻。并且多为四六相间的句式，如“挽郎呜咽，遵阡陌而盘桓；辕马悲鸣，顾郊野而低昂”。这种形式正与唐朝的墓志铭文通例相同。在书法和文章方面，都不愧为稀世之珍品。同时这也进一步说明，至少在渤海国早期是以汉字为书写和交流工具的，又或者说，渤海此时期没有创造与使用自己的文字，而是深受“唐风濡染”。

贞孝公主墓

无独有偶，历史总是在不经意间给人们带来惊喜。

时间又来到 1980 年，在吉林省延边朝鲜族自治州和龙县也发现了古墓群！

龙头山古墓群龙海墓区全景展示

古墓群位于延边朝鲜族自治州和龙市龙水镇，西南距和龙市约 30 千米，从南至北可分为石国墓区、龙海墓区和龙湖墓区，绵亘 2000 余米。由于它状似龙首，所以又被当地老百姓称为龙头山。因此古墓群被称为龙头山古墓群。墓群西距渤海中京显德府故址西古城约 5000 米，西约 8000 米为北大墓葬。

经过初步观察，地面分布有 12 个明显的封土堆。墓群的东南方向还有疑似大型建筑遗址，在这里渤海国时期的典型莲花纹瓦当随处可见。 墓群西北处分布一座塔基，只残余基础。从建筑形制上看，这是一座塔墓。既然是墓，那么墓里埋葬着的是谁呢？考古人员决定一探究竟。

墓为东南向塔墓结合，砖壁石顶单室墓。由墓道、墓门、甬道、墓室和塔五部分组成。塔身已倒毁不存，仅存塔基。墓葬外廓南北约 15 米，东西宽约 7 米。早年被盗，结构遭到轻微破坏，但墓室结构基本完整。墓室平面呈长方形，南北长 3.10 米，东西宽 2.10 米，墙壁用砖砌筑，以 12 块大型板石封盖墓顶。甬道用青砖砌筑，被墓门分为前后两部分，墓门上用砖砌额墙，墓道呈阶梯状。主室内的棺床上还留有部分骨骸，经过仔细辨认，这些骨骸分属两个男女个体，考古队员分析，这座墓应该是夫妻二人的合葬墓。但遗憾的是，墓葬已被多次盗掘，盗洞叠加，就在众人为这座古老的墓葬多遭破坏感到惋惜和悲痛时，一方墓碑在甬道后部被发现！

这座墓碑保存完好，呈圭形，由花岗岩打造，通高 1.05 米，宽 0.58 米，厚 1.026 米，正面镌刻墓志文，阴刻，楷书，共 18 行，计 728 字，除个别字外，均可辨认。

经过考古人员的仔细辨认，碑文的内容为：

贞孝公主墓碑

贞孝公主墓墓室(自南向北)

“公主者，我大兴宝历孝感金轮圣法大王之第四女也。……稚女又夭。未延弄瓦之日……粤以大兴五十六年夏六月九日壬辰终于外第，春秋三十六，谥曰贞孝公主……其年冬十一月廿八日已卯，陪葬于染谷之西原，礼也……”

通过碑文的记录，可以明确这座神秘墓葬的主人就是渤海国第三代王大钦茂的四女儿——贞孝公主！贞孝公主的墓志是一篇典型的骈体文，有序有铭，序文记述了公主的一生，铭文对公主表示赞颂和悼念，此墓志骈偶讲究，对仗精当，韵脚谐调，辞藻华丽。

贞孝公主墓的发现，不禁让人联想到约 30 年前发现的贞惠公主墓，两位公主都是渤海国第三代王大钦茂的女儿，有着相同的地位身份，那么，姐妹二人的墓志铭又有何不同呢?

经过研究比对，考古人员发现，贞惠公主墓和贞孝公主墓的墓碑文字如出一辙，只有 6 句不同，22 字不一样，即姓名、生卒年和葬地有所差别。

公主墓志铭全篇用了许多典故，并且熟练自如，达到了对比贴切，辞藻华美的地步。作者用《诗经》“有女同车，颜如舜华”和古诗《日出东南隅》“窈窕多容仪”的辞藻来美化公主。再如“长途未半，隙驹疾驰；逝水成川，藏舟易动”两个骊句，出自《汉书》《庄子》《论语》等四个典故，既擅长用典故增加文采，又使典故富有哲理，作者的文采可见一斑。此外，墓志铭中的“鲁馆王姬”见于《春秋》《左传》和《诗经》；“自天佑之”“威如之吉”源自《易经·系辞》和《易经·大有》；“妇德”见于《礼记》。

这些篆刻在墓碑上的文字，尽管已经岁月斑驳，但跃然石上，依然能够说明墓志铭的作者是那样熟悉《庄子》《孟子》《史记》《汉书》《三国志》《文选》……对屈原、宋玉、刘向、曹植等人的作品也特别熟悉。作者从初唐四杰卢照邻、王勃、杨炯、骆宾王以及其他诗人的作品中汲取营养，令公主的墓志铭熠熠生辉。墓志铭的作者就是在儒家经典和中原封建文化的哺育下，创造出了有相当造诣的成熟作品。

源自中原的唐文化对渤海文化的影响之深自是不容小觑。两位公主的墓志铭以实物证明了渤海国社会是以汉字为书写和交流工具的，也可证明渤海没有创造与使用自己的文字。闪烁着大唐文化的光影，渤海文明的神秘面纱从此被揭开。

同时，贞孝公主墓中还发现了壁画。尽管贞孝公主墓早年被多次盗掘，但历史的尘封却将墓室中的壁画保存下来，渤海人物形象首次被完整地发现，为我国渤海史的研究提供了极为重要的实物资料。

贞孝公主墓中的壁画主要分布在墓室内的东、西、北三壁及甬道后部的东、西两侧，竖列人物共12人。甬道东西壁上各绘有门卫，墓室东、西两壁南部绘有侍卫各一人，西壁中、北部绘有乐伎三人，北壁绘有侍从两人，东壁的北部壁绘有内侍三人。壁画是用铁线描绘，先以墨线绘出轮廓，再辅之以各色颜料，最后再用墨笔勾勒完成，其用色主要有朱、红、赭、青、绿、黑、白等。墓中壁画的画风纯熟，线条流畅，用笔细腻，与中原贵族或富人墓中的壁画几乎无任何差别。

武士、内侍、乐伎、侍从，这些人像圆脸朱唇，面庞丰腴，头戴幞头或系抹额，着红、青、黄、紫、赭色圆领袍，腰束革带，足踏靴或麻鞋，将渤海国的绘画水平体现得淋漓尽致。

从头饰来说，靺鞨人多以辫发为习俗，而贞孝公主墓的壁画中，人物却是头戴襆巾，这种形象便是来自中原。从衣着来说，壁画中侍卫武官衣着上抹、窄袖，并且足穿黑靴，这也是唐代武官的日常服饰，与唐朝章怀太子李贤墓壁画中的仪卫十分相似。

另外，唐代素以丰满为美，在贞孝公主墓的壁画中，这一特点也有所体现，画中十二人，无论男女，皆为富态。

种种迹象表明，无论是文字还是绘画，亦或是其他方面，渤海国都深受唐朝文化的影响。

那么，唐风是从何而来呢？

渤海都城初驻旧国，即东牟山，渤海第三代王大钦茂时期，于742年迁至中京显德府，也就是现今位于吉林省和龙市的西古城，755年迁至位于黑龙江省宁安市的上京龙泉府，785年再迁位于现今吉林省珲春市的东京龙原府，直到794年，复迁上京龙泉府。渤海国的经济逐步繁荣，当时农业、畜牧业、手工业、纺织业的产品都在中原很有名气。

《新唐书·渤海传》中曾有这样的记载：“太白山之兔、南海之昆布、栅城之鼓、夫餘之鹿、鄚颉之豕、率宾之马、显州之布、沃州之绵，龙州之绸、位城之铁、卢城之稻、湄沱湖之鲫，果有丸都之李、乐游之梨。”这些记载全部是来自渤海国的名贵特产，渤海国的交通，无论是陆路还是水路，都有重要干线和航道。

渤海存国200多年间，渤海遣史至唐有记载的共计150次，唐王朝派往渤海使节有记载的约20次，可见双方往来频繁。“万里寻修”“繁荣贸易”是促进渤海国本地经济发展、文化繁荣的必由之路。丝绸布匹、陶瓷彩釉就是在这种频繁的贸易往来中进入渤海国人的视野。

尽管贞惠公主墓和贞孝公主墓早年被盗，随葬品也被洗劫一空，让人倍感遗憾，但考古队员并未放弃对它们的深入研究，这其中包括对它们所在墓群中墓葬的发掘清理工作，不少珍贵的遗物被发掘出土。墓群里出土了不少唐代的三彩女俑、男俑。经过鉴定，有一些应该是来源于中原唐朝，可能是中原唐朝赏赐给渤海的。贸易往来，互通有无。渤海国深受中原文化影响的方面，还不止于此。

经过进一步研究发现，两位公主的安葬时间相距12年，贞孝公主墓和贞惠公主墓在形制上有着明显的差别。

贞惠公主墓是在地面上建的，墓室呈方形，墓顶采用的是抹角叠涩。

贞惠公主墓为石造单室封土墓，与其毗邻的较大墓葬均是这种结构，表明渤海早期的王室贵族，在埋葬习俗方面仍然受高句丽埋葬习俗的影响。

而贞孝公主墓则是完全摆脱了高句丽墓葬的影响，以崭新的结构和形制出现在渤海王室贵族的陵墓之中，这种形制就是塔墓。这种变化，是渤海向唐王朝学习，锐意改革的结果，是渤海王室贵族墓葬由单一走向复杂，由闭塞的地区性走向与中原王朝相一致的表现。

贞惠公主墓及贞孝公主墓的发现，以及通过对它们所在的六顶山古墓群及龙头山古墓群的发掘与研究，对渤海墓葬类型演变、分期和葬俗研究，渤海石构墓葬的起源研究均具有重要意义。其中龙头山古墓群是迄今考古工作确认的等级最高的渤海墓地，不仅墓葬等级高、墓葬类型多样，且随葬品丰富精美，体现了渤海墓葬建筑的最高水平。贞惠公主墓志和贞孝公主墓志是人们发现的为数不多的渤海文字资料，是渤海的埋葬制度、丧葬习俗、书法艺术研究的重要实物资料，也为进一步深入开展渤海的历史与文化以及渤海与唐王朝间的文化关系等问题的研究，提供了重要的学术线索。

清风明月，山水相映。

白驹过隙，这两位公主的一生，早已化作斑驳的文字铭刻于墓碑之上，沉淀在千年岁月之中，成为人们记忆的过往。但花岗岩石上深深镌刻的碑文，冷墙上绘制的绚彩画像，都在无声地向人们讲述着“海东盛国”——渤海国的前世繁华。

延边边墙

延边古长城遗存总分布图

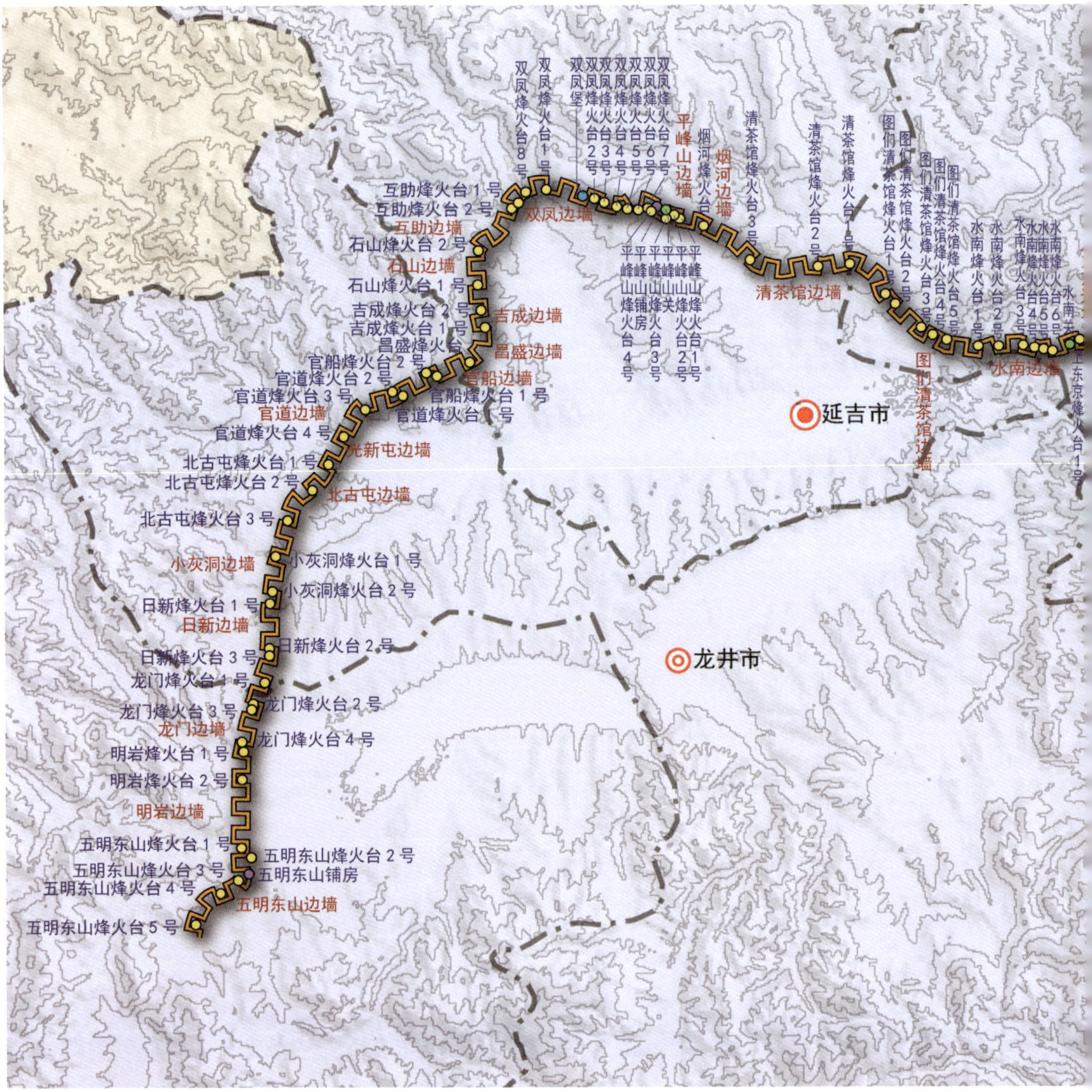

长城作为人类最伟大的历史遗产之一，向来是高大逶迤的模样，它如同巨龙雄踞高地，盘旋于崇山峻岭之间，横卧在华夏大地之上。

今天说起长城，很多人都会想到世界上最长的军事防御工程——北京八达岭长城。而事实上，真正古老的长城有着完全不同的面貌，而它的地理分布更是超出大部分人的想象。

工作缘起

对于延边边墙所开展的工作，可分为两个阶段。

第一阶段为20世纪20年代至80年代，本阶段多为局部性的考古调查工作。20世纪20年代，历史地理学家魏声和对延边边墙进行了初步调查，记录了延边边墙的起始及分布情况，20世纪80年代，和龙、龙井、延吉、珲春等县市文物部门分别调查了境内边墙遗迹。

第二阶段自2009年开始，国家文物局启动了早期长城资源调查，将全国各地明以前的长城遗迹纳入调查、保护范畴。在此基础上，经过国家文物局和吉林省文物局的批准，从2010年开始，吉林省组建了长城调查小组，对吉林省东部的延边边墙也就是延边古长城进行了一次专业性调查。

延边州文物保护中心当年组建了调查长城小组。从2010年3月26日开始，他们就带着工具，行走在少有人涉足的山间野外，在乱石杂草中找寻不为人知的长城遗迹。到2012年，他们的足迹遍布延边朝鲜族自治州各处。延边古长城大多位于长白山腹地和边缘地带，到了夏季林木茂密，长城遗迹不易辨识，再加上蛇虫活跃，给调查小组带来不少困难。

延边古长城最早在文献《珲春县志》中记载过，但很片面，只是记载了珲春（县）市的一段。通过调查可知延边古长城各段保存情况好坏不一，有的地方能保存得比较好一些，有的地方就消失得多一些。例如平峰山，还有清茶馆这一段，延吉市周边都保存得比较好。通过这些细致的调查和后期对资料的整理，人们对延边古长城的分布走向、夯筑形式等有了全新认识。

延边古长城分布

延边古长城从行政区划上主要分布在延边朝鲜族自治州龙井市、珲春市、图们市、延吉市、和龙市等地。延边古长城由和龙—图们段、窟窿山段与珲春段三部分构成，平面呈厂字形，全长约114千米。其中，和龙—图们段边墙的起点始自和龙市土山子镇东山村，终于布尔哈通河与嘎呀河的交汇处，全长约98千米。

窟窿山段为本次新发现的一段长城，始自凉水镇河西村，终于窟窿山顶，全长约 1 .9 千米。珲春段始于英安镇关门咀村，最终抵达哈德门镇涌泉村，全长约 14 千米。按照其分布与走向，结合其所在区域的地形、地貌，延边古长城可分为山地长城和丘陵长城。延边的山地长城主要分布在和龙市北部，龙井市西北部，延吉市西北部，以及图们市西南、东北部，海拔 125~692 米的山地上。丘陵长城主要分布在延吉市北部、图们市西部、龙井市西北部、和龙市北部及珲春市北部，海拔在 108~550 米的山地下面的缓坡地上。延边古长城除城墙 58 段外，还发现附属设施有 86 处烽火台、5 处关堡及 3 处铺舍。关堡为长方形或方形，采用土石混筑或石块垒砌，周长多在百米以内，面积不超过 1000 平方米。铺舍均为长方形，土石混筑或石筑，或独立而距墙体较近，或一侧倚边墙而建。

墙体

延边古长城墙体分为 58 个小段。这些长城遗址散落于山川之间，静静地等候着人们的发现。清茶馆边墙位于延吉市依兰镇新农村北侧，这一段边墙的夯筑形式为土石混筑。当年调查期间，这里也是开启延边古长城调查工作的第一站。开始时，工作人员不知道延边古长城起始点在哪个位置，所以当第一站来到这里开始调查时，看到此处长城，大家都很兴奋。然后用皮尺量，开始打点、记录，做一些工作。延边古长城墙体已经露出被破坏的部分，裸露出来的一些石块是土石混筑的。墙体的顶部长满杂草还有树木，以及裸露的一些毛石块。在边墙的南侧，可以看到明显的一条壕沟。壕沟的深度大约为 50 厘米，宽度应该在 2 米左右。

延边古长城按类别可分为土墙、石墙、山险与河险等，由于长时间自然与人为因素的破坏，一部分墙体已消失或损坏严重，调查确认有效墙体约 79700 米，其中土墙约 68300 米，石墙约 7600 米，山险约 3400 米，河险约 400 米。墙体构筑方式包括土筑、土石混筑、毛石垒砌等方式。墙体均为自然基础，从结构来看，土墙及土石混筑的墙体多选择在石材不多的丘陵地带及山坡上，石墙多修建在石材较多的山坡上，用附近较大的毛石垒砌而成，山险与河险是利用自然山体陡峭的崖壁或河流作为天然屏障。

珲春涌泉边墙墙体局部

图们窟窿山边墙墙体与壕沟（东—西）

龙井光新屯边墙墙体局部（南—北）

图们曲水边墙墙体（东南—西北）

龙井小灰洞边墙墙体局部（西北—东南）

图们微波站边墙墙体局部（东北—西南）

烽火台

长城修筑的历史可上溯到西周时期，几乎伴随了中国封建社会发展的全过程。从西周的“烽火戏诸侯”，到秦始皇“倾尽朝野的修筑”，再到见证明朝的“土木堡之变”，长城历经朝代更迭，从最早看似土堆般的烽火台逐渐发展成了用来抵御蒙古骑兵的完善军事防御工程。

西周依托黄河流域而建，地处中原，国土四周分布有氐、夷、羌、戎等众多的少数民族。为有效地保卫国土，防御外敌入侵，西周军队开始不断地修筑一种土堆，这种土堆在当时有一个形象的名字——烽火台。烽火台以夯土构筑，看似是土堆，实际上却是一套先进实用的烽燧系统。烽和燧外观相似但功能不同，日间点燃以烟报警叫燧，夜间点燃以火为号叫烽。出土的汉代书简记载了当时烽燧系统的分布规律。烽相距平均20千米至25千米，燧则要密集得多，只有5000米左右。点燃的烽火可以在24小时内横穿1000多千米，在最短的时间内，向援兵发出报警信号。

西周的最后一个帝王周幽王为博得美人一笑，竟把烽火台当作玩物，无故燃起火光，引来四面八方的援兵如热锅上的蚂蚁乱成一团。美人笑了，周王朝的运数也到了尽头。公元前771年，西周灭亡。

在给后世留下“烽火戏诸侯”的笑柄之后，当时先进的防御系统——烽火台也流传了下来，成为长城最早的雏形。

如今，延边古长城被发现的烽火台多达86座，矗立在高处，遥相辉映。

烽火台的修筑形式是以挖壕作为基础，在烽火台的周边先挖基础，把基础填实以后，再在上面用一层土、一层石来修筑，最后形成了一个半圆形的、周边有壕的形式，主要是起到传递信息的作用。烽火台的距离，一般在 2000~3000 米或是 1000~2000 米左右。这个区域互相之间都能看得到，在传递信息、有敌情的时候，从这个烽火台的放狼烟，另一个烽火台就可以观察到。烽火台的主要作用就是传递信息。

龙井北谷屯烽火台 3 号全景（东—西）

图们水南烽火台 4 号全景（南—北）

图们微波站烽火台 2 号全景（西南—东北）

延边古长城的建造者

千百年来，长城屹立在华夏大地上，无声地见证着无数王朝的兴衰成败。而眼前的延边古长城始建于何时？又是何人建造的呢？

关于延边古长城的始建年代，目前在文献中没有查寻到任何相关的记载。但一般有几种说法，过去大多认为延边古长城修筑于金代，20 世纪 20 年代，魏声和在《珲春古城考》一文中认为：延边古长城乃系“金源之兴，与高丽争界，此实当交战之冲，古垒纵横，即其遗迹云”。李健才先生力挺此说，他根据相关文献记载，并结合延边古长城的走向、相关遗迹指出：今延边古长城和高丽所筑长城南北相对，金章宗时，又挖掘界壕，东接高丽，以防高丽的再次进攻，并且依据延边古长城形制和西部金代界壕边堡类同的情况，认为延边古长城这一巨大工程和重要历史遗迹的建置年代只有金代。还有一个说法就是汉魏时期的高句丽建的。此外，还有学者认为延边古长城始建于渤海时期，是围绕着中京西古城而修筑的，东夏国沿用。对延边古长城的始建年代众说纷纭，因此更加深入的考古发掘工作势在必行！

为了进一步确认延边古长城构筑年代以及了解边墙附属设施的构筑形式，2011 年，考古队对延边地区的平峰山边墙、水南边墙、平峰山关、平峰山堡、水南关、平峰山烽火台、平峰山铺舍共计 7 处遗存进行了考古试掘，并从中选取了水南关和微波站关进行考古发掘。2013 年，吉林省文物考古研究所会同延边州文物保护中心对延边古长城的两个重要附属设施——微波站遗址及水南关遗址进行了发掘，水南关位于吉林省延吉市和图们市的交界处，微波站关位于图们市境内。

水南关和微波站关两座关堡基本形制相同，平面近方形，边长 3 0 米左右，整体不大，墙体上面都是石头且裸露在外面，可见整个关的墙体都是用石头砌筑的。关内发现有两处房址，出土了一些陶器等生活用具。作为判断古代遗迹建筑年代的重要依据，陶器的出土让所有人又一次充满期待。它的发现对于获取延边古长城的始建年代信息有着至关重要的影响。以往对于延边古长城的年代认识，或许会因此次发掘而发生巨大改变。

水南关遗址出土的陶器主要为生活用具，有盆、甑、罐等，和高句丽及辽金时期遗物有一定区别。

随着发掘工作的不断深入，边墙建筑年代的范围逐渐缩小，专家们对眼前这些器物仔细辨别，试图揭开历史的真相，一件有着明显年代特征的陶器靺鞨罐给出了最终的答案。靺鞨罐的形制是比较细长，口沿边上有一圈篦齿纹。从遗物形制来看，其为从靺鞨到渤海的过度时期、也就是渤海早期的遗物。从大的历史背景来看，此时期只有渤海才能修建。延边古长城绵延 114 千米，在山上建有城墙城关，以及烽燧。靺鞨时期并无那么大的组织能力及人力、物力去修建，只有进入渤海时期，以国家的行为集合人力及物力去修建，才可完成此项工程。

通过调查及发掘，特别是对水南关及微波站关的发掘，在出土的生活用具中包含靺鞨罐等渤海时期陶器，并无辽金时期陶器，这也否定了延边古长城的始建年代为辽金时期。

696 年，契丹松漠都督李尽忠和他的内兄孙万荣举兵反周，引发“营州之乱”。697 年，李尽忠病死、孙万荣兵败被杀，李尽忠的部下李楷固则投降武周，继续平定反周的契丹人。当时，居住在营州的靺鞨人加入了反周行列，李尽忠失败后，靺鞨人首领乞四比羽与乞乞仲象率营州靺鞨部众东奔辽东。公元 698 年，粟末靺鞨首领大祚荣在东牟山建立渤海政权。

渤海政权建立之初所面临的外部局势十分险恶，外部强敌环伺，内部尚在恢复自身实力。虽然大祚荣于天门岭击败唐军，加之契丹又主动臣附突厥，造成“王师道绝，不克讨”的局面，但“不克讨”的表述暗示唐对渤海的敌意暂时未能消除。大祚荣只得选择臣属后突厥汗国，并接受统一新罗的官职，积极利用外部因素寻求自保。与此同时，靺鞨诸部则频繁单独或共同向唐朝贡，说明渤海在此阶段尚缺乏足够实力控制北部靺鞨部落。

上述状况至大武艺执政时期彻底发生改变，大武艺“斥大土宇，东北诸夷畏臣之”。事件源于唐与黑水靺鞨的关系发生实质性进展，唐先于开元十年（722 年）授予黑水部酋长倪属利稽勃利州刺史官职，后“开元十三年（725 年）安东都护薛泰请于黑水靺鞨内置黑水军，续更以最大部落为黑水府……中国置长史，就其部落监领之。”大武艺洞悉一系列举动背后所暗伏的危机，率先主动发兵攻打黑水靺鞨。虽然史籍未直接记载战后局势，但很长一段时间内，黑水靺鞨在唐的史书记载远不如前期频繁。《唐会要》卷九十六《靺鞨》也记载：“其拂捏、铁利等诸部落 ……亦尝朝贡，或随渤海使而来。”728 年，大武艺致日本圣武天皇国书，提及自己“忝当列国，监总诸藩”事宜。上述文献线索表明，渤海征讨黑水靺鞨之后已掌控区域主导权，握有“监总诸藩”的权力。732 年，大武艺又遣军自海上入侵登州，陆上攻至营州马都山附近，进一步正面印证了渤海实力的强大 。

鉴于渤海两代国王执政期间内部自身实力的悬殊，以及外部对北部靺鞨部落影响力或控制力的差异，故从必要性方面而言，大祚荣尚需边墙进行被动防御，而大武艺已然坐拥强大实力，所以主动出击化解外部军事威胁。故延边边墙的修建应不晚于大武艺时期，否则如此耗费巨大人力、物力的边墙便失去了实际防御价值。

渤海的历史发展脉络及其疆域扩充表明，延边古长城为自渤海建国者大祚荣至渤海第二代王大武艺公元 719 年继位 20 余年间修建的最为巨大的工程。构筑和龙、龙井、延吉、图们境内边墙的主要目的是防止唐军征伐，并防止东北诸夷的侵扰，而在珲春境内构筑的边墙，则是为防范和警示其北部当时尚未征服的靺鞨部落之侵扰而构筑的重大军事防御工程。

延边古长城是中国最东部的一处线体状的古代遗存，它对吉林省文明的研究及对长白山历史文化的研究具有重要的意义。

岁月更迭，硝烟散去。

延边古长城历经千年烽火，依旧坚挺着脊梁，在群山之巅飞奔腾跃，它已成为文化的符号、和平的象征、疆域的见证，一次次向人们讲述着这片土地的不朽与荣光。

苏密古城

苏密古城全景航拍（东南—西北）

苏密古城的今世前生

进入吉林省桦甸市市区，沿着宽阔的渤海大街一路东行，靠近城区东郊的街道北侧，你会发现一处高 3~4 米的城垣，上面树木林立，花草丛生，它就是唐朝渤海国城址——苏密古城。微风吹过，枝叶摇曳，沙沙作响，似乎正在倾诉自己千百年来的历史。

苏密古城因毗邻近苏密沟又称苏密沟古城，城址位于吉林省桦甸市市区东北约 4000 米的辉发河南岸，隶属于桦甸镇永吉街道大城子村，当地人又称其为“大城子”。靠近古城西南角的南城墙已被后人破为豁口，现为入城的小路，沿着这条土路向北行进，你会看到又一处高 2~3 米的城垣，同样是树木林立，花草丛生。由此我们可知苏密古城是内外双城的建置，村中居民多数集中在外城的东北一隅，村民长年累月的生产生活破坏了外城东北的部分城墙 。苏密古城北濒辉发河故道，扼守松花江水路和陆路交通要冲，四周为群山环抱的辉发河冲积盆地，地势险要，土质肥沃，自古既是人类理想的栖息之所。在多数渤海国遗迹湮没无存或破损不堪的情况下，苏密古城作为现有的、为数不多的、城垣形态保存较为完好的渤海城址之一，1961 年 4 月被公布为第一批吉林省级文物保护单位；2006 年 5 月 25 日被公布为第六批全国重点文物保护单位。

清朝末年在《吉林通志》中首见苏密古城之名，李健才先生经考证认为，清朝康熙年间《盛京通志》中记载的“那丹佛勒城”即为苏密古城。1936 年，日本人鸟山喜一、藤田亮策等人盗掘苏密古城，并写下《桦甸县苏密古城调查状况报告书》，文中对苏密古城城内遗迹分布和出土遗物进行了记录，认为苏密古城是渤海时期的一座城址。随后 1937 年 7 月，李文信先生也调查了该城址，通过对城址平面及出土遗物的分析，也认为苏密古城是一座渤海时期的城址。目前，学术界倾向认为苏密古城城址是渤海国营州道的重要交通枢纽——长岭府故址。

渤海国（698—926 年）是以粟末靺鞨族为主体，继高句丽之后在中国东北建立的一个北方少数民族政权，君主以“大”为姓，初为“震国”，意为“东方之国”，“万物出乎震。震，东方也”。713 年，唐朝册封“震国公”大祚荣为“渤海郡王”，自此“震国”改号“渤海”，渤海开始与唐王朝“每岁遣使朝贡” 的外交往来，文献记载渤海国共派遣包括王子在内的使臣多达 32 次来唐朝学习先进的政治、经济、文化制度，同时唐朝也 10 余次派遣使臣到渤海国进行回访指导，两国进行着频繁的商贸和文化交流。人们耳熟能详的唐朝诗人温庭筠的《送渤海王子归本国》：“疆理虽重海，车书本一家。盛勋归旧国，佳句在中华。定界分秋涨，开帆到曙霞。九门风月好，回首是天涯。”很好地诠释了当时渤海国王室潜心向唐朝学习，吸收中原先进文化的理念，并将这些加以利用在国家发展建设上，使渤海国迅速走上封建化道路，仿效唐朝建立完整的统治机构，设五京、十五府、六十二州、一百余县，雄据中国东北大部、朝鲜半岛东北部和俄罗斯滨海边疆区，“地方五千里，户十余万，盛兵数万”，被中原誉为“海东盛国”。经过渤海国 15 代王 200 余年的统治和经营，渤海国留下了丰富的历史文化遗存。

国家从无到有，由弱到强，从崛起到兴盛，再从鼎盛到衰退并不是一蹴而就的，而是有一个漫长而艰辛的过程。渤海国的发展也无一例外，初期大祚荣据东牟山建国，到大钦茂“斥大土宇”向外扩张，连年征战，虽然疆域扩大，但人力、物力、财力损耗较大。此时，在外有强敌环伺，内有民心不稳的境况下，大钦茂迁都中京显德府，开始向唐朝遣使学习，“慕华风，而文治”，将在唐朝引进的儒家思想潜移默化地灌输到渤海社会各个阶层，让统治阶层将重心放在国家发展建设上，为避“安史之乱”，大钦茂再次迁都到上京龙泉府，随后，又从上京迁都东京龙泉府，短暂休憩后，大华玙再次将都城迁回上京，稳定发展直至衰亡。

四次迁都的过程让渤海国的统治阶层得以将唐朝“京府制”的管理经验合理地运用在自己的国家建设中，设置五京、十五府，进而衍生出更为细致的六十二州、一百余县的基层建制，自上而下有效地加速了政治、经济、军事、文化的各方面封建化的进程，使其在短时间内称霸东北亚。鼎盛时期的渤海五京、十五府分别为上京龙泉府，位于今黑龙江省宁安市渤海镇；中京显德府，位于今吉林省和龙市西古城；东京龙原府，位于今吉林省珲春八连城；南京南海府，位于今朝鲜咸镜南道北青郡额北青土城；西京鸭渌府，位于今吉林省临江市。以及其余率宾府、怀远府、定理府、安边府、安远府、铁利府、东平府、夫餘府、鄚颉府、长岭府等十一府，共同构成渤海的行政机构，统管国家和地方的各项事务。

仅有京府州县各个点的建制还不能将国家各地的物力、人力、财力等有效快速地传递，所以古往今来交通道路建设都是国家城市发展的关键一环，《新唐书·渤海传》记载：“龙原东南濒海，日本道。南海，新罗道也；鸭绿，朝贡道；长岭，营州道也；夫餘，契丹道也。”渤海国5条交通干道，以及由主干道延伸出的众多支路，形成四通八达的路网架，构不仅保证了渤海疆域的稳定，而且促进了渤海与唐王朝及周边日本、新罗、契丹的通聘和贸易的交流。营州道是渤海国使用最频繁、最重要的内陆交流通道，而长岭府更是营州道上自营州到上京龙泉府居中的中枢枢纽，其主要职能是沟通唐朝与渤海往来的经贸、牒文等活动，而非军事防御，可见在当时的苏密古城城内一定是商贾云集，人丁兴旺，一派繁华。

公元926年2月，辽国国王耶律阿保机夺下渤海夫餘府，随后乘胜追击攻破上京龙泉府，俘虏渤海最后国君大諲譔建立东丹国。8月，耶律阿保机命康默记和韩延徽攻打长岭府，此时，久未经历过战争洗礼的苏密古城的上空笼罩着一片阴云，上至官吏下至百姓纷乱异常，长久未摸兵器的军官惊慌失措地组织人力，准备负隅顽抗，曾经繁华热闹的府城陷入一片黑暗，临时组建的队伍面对势如破竹、如狼似虎的辽军，眼里剩下的只有恐惧、害怕和彷徨。激烈的战斗瞬间打响，一时间辽军的箭镞如雨一样倾城而下，城内的军民奋力反抗，尖叫声、惨叫声、呵斥声、哭喊声此起彼伏，长期安逸享乐的生活让渤海官兵无心恋战，伴随着铺天的箭雨、紧促的渡壕、密集的攻城，在辽军冲天的喊杀声中，苏密古城的防守很快破防，高耸的城垣上改旗易帜，插上迎风招展的辽军军旗，百年的渤海苏密古城至此消亡，被耶律阿保机随后建立的东丹国吞并，将投降的军民大量迁移到辽阳市，随后缩小城防，在外城的城内取土挖壕，修建内城，但外城的城墙依然保留，成为辽属东丹国长岭府的府治场所。

随着渤海国的灭亡，苏密古城作为长岭府的重要地位逐渐消退。到了元代，蒙古人重掳掠、轻守城的政策，使得大多数城址被毁弃、荒废，直到明朝，为了有效地统治东北，再次让苏密古城成为东北朝贡道上重要的交通驿站——“那丹佛勒城”，到了清朝，古城遭到封禁，再次失去了往昔的繁华，满城大部分变为耕地。

苏密古城的考古发掘

1936 年 6 月，吉林省磐石县的上空一片阴霾，连续的大雨似乎在控诉日本侵略者无耻的种种恶行，即使是阴雨连绵，时任日本吉林省公署教育厅的岩间次茂郎协同鸟山喜一、藤田亮策、山本守一行四人在日伪军的护送下，急匆匆地赶到桦甸市。次日，日伪军便押解着雇工，一行人开始对苏密古城进行盗掘。经过十几日胡乱的盗掘，虽然有一些收获，但无科学性，盲目发掘地对苏密古城的原貌造成极大的破坏。1978 年 7 月，我国学者李文信先生对苏密古城进行了调查。此后，苏密古城的调查与研究陷入停滞阶段。直到 2004 年 7 月，为配合完成大遗址保护项目，吉林省文物考古研究所对城址首次进行尝试性考古发掘，并确认城墙墙体的构筑方式与西古城接近，内城出土遗物以渤海时期为主。2010 年、2011 年，吉林省文物考古研究所委托保定博古文化服务有限公司对苏密古城内城和外城南部、东部的重点区域进行了考古勘探，获知苏密古城的内外城结构和遗迹分布的重要信息。2013—2016 年，吉林省文物考古研究所协同桦甸市文物管理所对苏密古城进行为期 4 年的大规模考古发掘。

考古工作人员顶着烈日伴随着汗水，在一铲一铲的挥动下，逐渐揭

苏密古城外城西南角南城垣断面（东—西）

苏密古城外城南城垣上的女儿墙（西—东）

苏密古城外城瓮门处（北—南）

开沉睡千年的苏密古城的神秘面纱。

苏密古城城垣土筑有内外两重城墙，城址平面呈“回”字形轮廓。内城位于外城正中，平面近正方形，方向近正南北，墙体保存较好，残高2~3米。东城墙长337米，南城墙334米，西城墙369米，北城墙341米，周长1381米。内城四角略高，并散布有瓦件。内城东墙、西墙中部，各有一处豁口，现为出入内城的唯一通道，推测原为内城的东、西门址。内城四面城墙外侧各有一道护城壕。

外城大致呈长方形，方向与内城略错，东城墙长697米，南城墙535米，西城墙747米，北城墙611米，周长2590米。外城城墙残高3~4米，西墙、南墙基本保存完整，外城东北角因毗邻辉发河，常年受河水冲刷侵蚀，导致北墙东部缺损严重，东墙北部也有部分残缺，城墙四角略高。外城墙正中皆辟有门址，并筑有方形瓮城，西墙、南墙瓮门保存较好，东墙、北墙已不见瓮门痕迹。北墙外侧为辉发河的天然屏障，其余三面城墙外侧各有两道护城壕，东墙外侧护城河现被改造为农田灌溉的水渠，西墙、南墙外侧护城河现已废弃填平。

延绵高大的内外城城垣为地表起建，无地下基础。墙体下部为数层墙基土层，垫土层上中部为黄黏土夯筑的墙芯，墙芯夯层明显，层与层之间夹有薄沙，墙芯内外两侧以黏土和砂石层交替叠筑而成。外城城墙顶的女儿墙和内外城无角楼的建制，似乎在向人们展示当年的平和安详。

外城南瓮城与外城南城垣为一体构筑，沿着瓮城通向城内的砂石路，在内城南墙并未找到可以进入内城的城门，通过对内城墙的解剖发掘，证

苏密古城内城南墙中部城垣断面（东—西）

明内外城并不同期，它们分属两个时期、两个时期人民各自营建的城池。

2014 年，考古确认一处存有磉堆和夯土台基的渤海时期寺庙建筑。建筑址以黄黏土和黑黄花土夯筑，台基南北长约 35 米，东西宽约 28 米。台基上保存有两排南北向直径 1~1.5 米的磉堆，同排磉堆中心间距约 3.3 米，排间距近 4.5 米。此外，台基东侧发现大量的渤海时期灰陶瓦、瓦当、兽头、鸱尾等建筑构件，与十数块础石共存，并出土 300 余件陶塑佛像残块，佛像多涂有彩绘，少数饰有金彩，佛像个个神采奕奕，栩栩如生，眉宇中似乎宣示着寺庙的宏伟辉煌，以及人们的安定生活。

内城南城垣内出土佛像、瓦当与其南侧渤海时期佛寺建筑瓦砾堆积中

苏密古城佛寺出土的贴塑佛像

苏密古城佛寺地面上分布的磉堆和础石（东—西）

苏密古城佛寺出土的铜佛

苏密古城佛寺出土的兽头部件

苏密古城出土的瓦当

苏密古城内城西南角城墙下的房址

遗物相同，应是构筑内城南墙时取土混入的渤海时期遗物。结合 2013 年在内城墙上发现的两处瓦砾堆积中出土的辽代瓦件，考古人员更倾向于内城为辽代早期东丹所建。

内城有三座大型建筑址和一处小型房址。其中一座叠压在内城北城墙下的建筑址，不仅为内城的始建时期进一步提供了考古层位学依据，更能说明时代的交替，让原本安定的生活被无情地打破，缩城减人，似乎还原了当时兵败投诚人们恐慌不安的浮躁与无助。

辽天显元年（926 年），辽太祖耶律阿保机率军攻克渤海国都忽汗城，其属下韩延徽攻破长岭府，至此渤海国灭亡，随即“改渤海为东丹”。东丹国是一个以契丹奴隶主贵族为主体，少数人统治多数人的民族统治色彩浓重的政权，其人力不足以改变多数渤海遗民的文化生活现状，唯有采取迁民、缩城等一系列措施来巩固其政权，或许苏密古城内城的始建就与此息息相关。不过由于东丹国主耶律倍与其弟太宗耶律德光的矛盾，东丹国存续不久，耶律倍不得不远走后唐，而其管辖的渤海旧地多数被荒弃废用，苏密古城即为其一。

由于时间短促，东丹政权未来得及将契丹的文化有效地融入渤海遗民生活，使得苏密古城出土的遗物依然多保持渤海文化特色，包括瓦、瓦当、鸱尾、兽眼等建筑构件约 300 件；陶罐、陶盆、陶钵、陶碗和陶碟等日用陶器；少量铁镞、铁甲片、铁刀、铁钉、铜刀、铜镯、铜镊和铜簪等金属器；以及出土约 400 件的贴塑佛像残块，皆为渤海典型的文化风韵。

内城发现叠压在渤海时期基址的大型建筑址所用的板瓦和内城城墙所见的板瓦，皆厚重、粗犷，与渤海板瓦的薄轻、细腻截然不同，似乎更接近辽代早期技术不成熟、短时间仓促造瓦建房的风格。

秋风瑟瑟，树叶婆娑，站在高高的外城城墙上，一缕阳光穿过薄薄的白云斜射古城，余辉中似乎看到古城往日的繁华喧闹、战火连天、车马云集、荒芜人烟……这一幕幕过往云烟都已谢幕，留给我们的仅有历史的记忆。

苏密古城城址不但是研究渤海文化、渤海城市发展轨迹的重要线索和实证，同时也是渤海国与唐王朝通过营州道在政治、经济、文化等方面交流的重要历史见证。也为辽——东丹国的始建和发展提供了考古依据。

苏密古城城址包含了丰富的唐朝、渤海、辽早期——东丹历史信息和文化内涵，既有物质内容，又包含了非物质内容；既具有历史感，又具有广泛事物的丰富联系；既具有外形的可视性，又具有内涵的可感知性。因此，苏密古城城址是多学科、多领域的知识综合体，具有重要的科学研究价值。

春水行宫

吉林省的西部有一大片广袤的草原，在草原上有奔腾而东流的大江大河，孕育了无数的古代民族，乌桓、鲜卑、契丹等民族都在吉林省西部草原上留下了自己的烙印。契丹族是这些族群里的佼佼者，他们不仅建立了统一北方草原的政权，还曾经多次南下，与中原争衡，这些历史不仅被写进历史书里，也被写在吉林西部的大地上。

大地上的历史不再是由专门的史官所书写，书写这部历史的是生活在古代的每个人。比如一个小小的陶罐会经历陶工的揉捏制作，经过窑工用千百度的烈焰升华，传递到使用者手里，或被用于装一罐牛奶，滋润干燥的喉咙，或被用于煮一罐黄米粥，填饱饥饿的肚皮。在这些过程中，都会在陶罐上或多或少地留下痕迹，而这些岁月的痕迹就是一页页无声的史书，需要有人去读懂它，而读懂这种无声的史书的方法就是考古。

一个陶罐就是一页历史，那么一座古代房屋和房屋内的东西就是一卷历史，一座盖满了房址的古代城市就应该是一本厚厚的大部头。在吉林省白城市洮北区德顺乡的一座小小的村落旁，就有着这样一部厚厚的无声的史书——城四家子古城。这部书放在这里太久了，久到人们都忘了它的名字。很早以前就有人试图读它，有清朝人，有日本侵略者，可是都只是略微翻翻就放弃了，因为这本书太厚了。

直到 2013 年，吉林省的考古工作者在这里组建了一支队伍，用了 4 年时间才翻开了城四家子古城历史的一页。这座古城坐落在洮儿河北

城四家子古城的发掘

岸。在古代，山南水北谓之阳，是适宜人类居住的理想场所，这座城周长有 5748 米，它的平面像一个平行四边形，或许古人想把它修成长方形，但是它太大了，一不小心就走形了。这座城用黄土夯筑而成，夯筑技术是中国一门古老的建筑技术，使用木头绑成边框，然后在里面填上黄土，用石头等工具夯打结实，用这样的夯土模块可以组成城墙、房子等各种想要的建筑。

这座城市有四面城墙，每面城墙上都开有一个城门以供出入。考古队员对城市的北城门进行了挖掘清理，发现城门之外还有一圈半圆形的城墙围着，构成了一个城门外的小小的城，这个小小的城有个专门的名字，叫瓮城，这个瓮城也有个门，叫瓮门。瓮城在打仗的时候用处很大，可以打开瓮门把攻城的敌人放进来，再关上城门，让敌人挤在小小的瓮城里再从城门上方的城墙上攻击敌人，就像瓮中捉鳖一样。虽然城门也是用夯土夯筑成的，但是外面包砌了一层青砖，这样不仅使古代城门看起来美观多了，防御能力也提高了。

古城内建筑台基的发掘（东南—西北）

顺着北城门往城里走，有一条宽宽的大路，就像现代每个城市都有的主干大街一样。但是城四家子古城的这条大街走着走着就断了，横亘在道路中间的是一座有着高高围墙的院落，道路像被撕开了一样分成左右两半，在绕过院落后又像两条溪流一样汇集成一条继续向南延伸。是什么样的建筑能够修建在城市的中轴线上呢？为了解开这个疑问，2013—2014 年，吉林省文物考古研究所的考古工作者们对这座院落进行了发掘清理，发现这是一座等级很高的建筑，这座建筑像古代的宫殿，建在高高的夯土台基上面，有着密密麻麻涂着红漆的大柱子，墙壁上画着五颜六色的漂亮图案，屋顶还覆盖着绿油油的琉璃瓦，金碧辉煌。当然，这些都是考古发掘之后根据发掘成果复原的样子，这座漂亮的大房子早已在历史上轰然倒塌，变成残砖碎瓦，与大地融为一体。

是谁住在这样漂亮的屋子里呢？考古工作者在残砖碎瓦之中发现了很多细碎的泥塑像残块，有手指衣服、发髻，还有成串的扁圆形的像珠子一样的东西，通过把这些碎块进行匹配和对比之后，发现原来这是被破坏打碎的佛像。一切昭然若揭，这里原来是一座古代佛寺，在一块绿色琉璃瓦的背面，一行小小的墨书文字提供了线索。古代人为什么要在瓦上写字呢？原来是在佛教寺院兴建和修缮的过程中，为了筹集资金，会向信徒及社会各界募捐，用募捐的钱购买建筑材料，在建筑材料上会写上捐资人的姓名，这也是古代佛教寺院敛财的一种方式。

考古发现很多瓦上都写有这样内容的字，其中有一块瓦上还写有“大安八年”，大安是辽朝皇帝耶律洪基的年号，年号是中国古代一种纪年方式，最早是汉武帝开始使用的，后来每当新皇帝继位或者有重大事情发生的时候都会变更相应的年号，到了明清时期，一般只有新皇帝登基后才会变更年号，其他事情都不变更年号了。到了现代，我们的先烈通过革命推翻了封建王朝，改用公元纪年。中国古代使用年号的传统影响了周边很多国家，比如越南、朝鲜等国家在历史上都曾经效仿中国使用年号，由于第二次世界大战胜利后对日本军国主义清算不彻底，日本仍然保留了“天皇”，所以，日本现在还在使用年号。

大安八年就是辽道宗耶律洪基的年号，换算成公元纪年就是公元 1092 年，也就是说，这座寺庙至少在公元 1092 年就已经修建了。辽代统治者特别崇信佛教，唐天复二年（902 年），辽王朝刚刚建立，就在龙化州（西拉木伦河上游今内蒙古自治区翁牛特旗以西的地方）修建了开教寺。辽王朝在扩张的过程中，攻灭其他政权，也会将其他政权境内的僧人迁徙到辽境内妥善安置，特意为他们修建寺院，如辽上京的天雄寺。辽代皇室及贵族会常前往佛寺礼拜，并举行祈愿、追荐、饭僧等佛事，辽代佛教遂臻于极盛。如圣宗次女秦越大长公主舍南京（析京府，亦称燕京，今北京市）私宅，建大昊天寺，同时施田百顷，民户百家。兰陵郡夫人萧氏施中京（大定府，今内蒙大名城）静安寺土地三千顷，谷一万石，钱二千贯，民户五十家，牛五十头，马四十匹。权贵、功臣、富豪亦多以庄田、民户施给寺院，遂使寺院多领有广大的土地和民户。在社会上，佛教产生了很大的影响，当时的妇女喜欢用黄粉涂在脸上，称为佛装；还经常取三宝奴、观音奴、文殊奴、药师奴等为小名。

同时，这块文字瓦还从侧面证明了城四家子古城应该在辽代时就已经存在了，在此之前，对于城四家子古城是历史文献上记载的哪座州城有着很大的争议，有人认为应该是辽代的长春州，有人认为应该是金代的肇州。肇州是金代才新建的城市，而城四家子古城内有辽代的佛寺，是一座辽代修建的古城，应该是辽代的长春州，金王朝兴起以后，打败了辽王朝，继续沿用了城四家子古城，不过改了个名字，叫泰州，因为金朝在此前还有一个泰州，所以称城四家子古城为新泰州。

金代在使用城四家子古城的过程中也留下了大量的使用痕迹，吉林省的考古工作者们在古城里面发现了大量金代人类活动留下来的东西，其中最有意思的是两座金代用来烧制陶器的陶窑。现代生活中陶器已经很少见了，是用黏土或陶土制作成型后烧制而成的器具，使用时间非常悠久，人类在一万多年前就会烧制使用陶器了，后来我国古代劳动人民又发明了瓷器，瓷器相比陶器更加整洁和美观，便逐渐取代了陶器。

古城内窑址的发掘（西北—东南）

古代烧制瓷器的技术和原料都比较难得，所以，当时城四家子古城里的居民还大量使用陶器，而陶器容易破碎，不适宜远程运输，所以城四家子古城金代居民只好就地建窑，烧制陶器使用。今天，被考古工作者发现的就是这样的两座陶窑。

两座陶窑在城内西南部，地表堆积了一层厚厚的烧坏的陶器碎片，可想而知金代在此烧制了多少陶器。陶窑是在平地上向下挖坑修建，用来烧制陶器的窑室是一个像鸭蛋的椭圆形，四周用青砖垒砌，底部是用来放置要烧制陶器的窑床，窑床的一端连接一个烟囱，另一端是一个深深的用来生火的灶，灶的外面连接着一个大大的空间，烧窑工人就在这个空间里进行添柴、摆放陶器等工作，这个空间被考古工作者叫作操作间。在陶窑的周边还有烧窑工人居住的房子，以及用来淘洗陶泥的大坑。不过发现最多的还是当时烧坏的陶器碎片，烧窑工人们把这些碎片随意地堆放在陶窑周围，考古工作者足足挖掘出好几车这样的陶片。

考古工作者把这些碎陶片收集回去进行拼对，拼对出好多完整的陶器，这样就知道当时这两座陶器主要是烧制哪些种类的陶器了。拼对出来的陶器以大型的陶罐、陶盆为主，还有少量的陶壶、陶瓶，都是生活中常用的用来盛装东西的容器。通过这些工作，我们对古城有了初步的、直观的了解。当然城里不只有陶器生产作坊，还有骨器加工作坊、金属冶炼的作坊等涵盖社会生活各个方面的生产部门。还有很多类型的生产，如酒类、皮革等在地表没有遗留下可以辨认的现象，有赖于更多科技方法的加入去探索与研究。

当然，古代人类在古城内外留给我们的不仅是上面这些，还有很多其他的东西，考古工作者们通过考古调查已经基本弄清了古城内外都有什么。比如在城址内中南部，也是城内的核心位置，有一个大大的凸起的土丘，当地百姓称之为金銮殿，考古工作者在土丘的地表发现了大量的砖瓦，其中不少瓦片上还带有绿色、黄色的琉璃釉，说明古代这个位置应该有一处等级非常高的建筑，根据和历史文献的比对，考古工作者认为这里应该是古代的一处大型行宫，就是皇帝出行居住的地方。

古城里除了皇帝出行居住的行宫，在城里的西部还分布着大大小小的密集的土丘，这些土丘上都有大量的残砖碎瓦，都是古代建筑坍塌并被岁月侵蚀后形成的。考古工作者将这些土丘按照位置进行分类并排列组合，复原出一个个高大的四合院式的建筑，这些建筑应该是当时上层贵族的居所，有的学者还根据文献记载，推测有些建筑可能是历史上的长春州钱帛司、长春州州署等行政管理机构。

古城北墓葬的发掘（北—南）

这些大大小小的高等级建筑几乎挤满了古城，在这些建筑之间见缝插针地分布着陶窑类的手工业建筑，部分普通居民只能住在城里的角落里，更多的则是在城外居住，考古工作者在古城的东门外发现一大片古代人类居住的遗址，面积比古城还大。古城的西面是洮儿河，跨过洮儿河，也有着一大片古代普通百姓居住活动的遗址，这些遗址同城四家子古城紧密相连，向我们展示了古代城乡一体的社会面貌。

正所谓生居死葬，古代人类在生活、居住，留下了古城和古城外的大片遗址。古代人死后又葬在哪里？这也是考古工作者要认真研究解决的问题。通过考古调查，发现古城外东、西两面都是古代人类居住、活动的场所，古城南面是洮儿河。古城及周边居民的墓葬最有可能就是在古城的北面。古城的北面分布有现代村庄，现代村民们在日常活动，比如建房、耕地的过程中经常会发现古代墓葬，根据这些线索，考古工作者开展了细致的调查，并在古城北现代村庄的周围发现了好几座被破坏的古代墓葬。考古工作者对这些受破坏的古代墓葬进行了清理，发现这些墓葬三五成群分布，群与群之间间隔较远，群内墓葬距离较近，这些墓葬群可能与古代家族聚族而葬有关。

关于这些墓葬还藏了很多关于古代人类生活的小秘密，比如考古工作者发现，辽代的墓葬埋得距离古城远一些，这些墓葬大部分是用青砖垒砌的，要知道当时古代普通居民居住的房子多数是土房子，对比之下可以看出古代人对于先祖和丧葬的重视。考古工作者还发现，这些辽代墓葬规模都比较小，有的墓葬仅有 1 平方米左右，无法正常下葬。前面提到考古工作者在古城里中轴大街的北部发现有一座当街而建的佛寺，历史文献里还记载，长春州也就是城四家子古城在辽代和周边两个州一次性就有 3000 多人出家成为僧人，可知辽代佛教信仰的风靡，佛教所盛行的火葬也为辽代百姓所普遍接受，火葬以后再埋葬，就可以轻易地埋入简单狭小的墓葬里。在内蒙古通辽等地，考古工作者还发现有更简陋的墓葬，就是用一个小小的陶罐装了骨灰以后直接埋进土里。这种现象在今天看来既节省土地，又节省财力。但是在古代，这反映的就是社会底层百姓无论是生活还是死亡都充满了悲凉贫穷的色彩。

靠近古城分布的多数墓葬是金代的，这些墓葬同稍远的辽代墓葬一样，从分布上看应该都是聚族而葬，目前发现的金代墓葬面积相对较大，和辽代墓葬一样，多是用青砖垒砌而成，并且用砖模拟木头房屋的结构，将墓葬修建得像房屋模型一样，其中灌注了对于逝者在另一个世界能够幸福、舒适生活的美好期许。部分墓葬所用青砖有残断和二次利用迹象，说明这些用于修建墓葬的青砖应该是从其他建筑上拆下来进行二次利用的，这种现象反映了墓葬修建者在某种程度上生活的拮据，可能正因如此，才会把对美好生活的向往寄托给逝者，同时也用宗教来麻痹生者，这或许即是辽金时期佛教盛行的一个原因。

城四家子古城在吉林省西部并不是孤立存在的，从城四家子古城东门出城，穿过依城而居的村落，沿着洮儿河岸这条天然的通道东行，沿途有一系列的村庄，现今这些村庄都成为历史的痕迹，如庆民遗址、老庙屯遗址等，这些村庄与洮儿河通道像一条线上串着的珍珠，一直连通到松花江岸边。在辽代，沿着松花江、嫩江上溯，便可抵达辽代的泰州，也就是今天黑龙江省泰来县的塔子城。到金代，顺着松花江向下走，就到了金代在松花江南岸新修建的肇州，也就是今天前郭县的塔虎城。出城四家子古城西门主要的交通还是沿洮儿河上行，穿越上游河谷，可以到达今天的兴安盟、突泉等地，再往南便是辽代统治的核心区域。

考古工作者的工作将这些无声的历史痕迹串联在一起，勾勒出一幅1000多年前草原民族社会景象，当然这幅景象并不高清，需要有进一步研究将其进一完善。

皇帝行宫

在吉林省西北部的白城市和松原市境内，河湖遍布，渔猎资源丰富，环境宜人，古迹众多。这里有国家级文物保护单位城四家子城址和春捺钵遗址群共同构成的大遗址——辽金时期的春捺钵遗址。那么，春捺钵是什么意思，辽金两朝的统治者又在这片广阔的荒野做了什么？现在，让我们跟随着考古队员们一起去探索吧！

寻踪觅迹：发现春之行所

捺钵是辽朝国家政治生活中的头等大事，历来深受史学界的关注。文献中所载的春捺钵，其遗址究竟在何处？

文献中所载的辽代春捺钵驻跸地有长春州、鸭子河、混同江、挞鲁河、渔儿泊等地点。目前学界一般认为自辽圣宗开始，春捺钵逐渐固定在今吉林省西北部的白城、松原一带。在考古工作开展之前，学界对长春州所在争论不休，主要有塔虎城、城四家子城址两种观点。随着塔虎城考古工作的开展，以及白城博物馆征集的传出自城四家子城址的铭文砖，学界渐倾向于辽长春州为白城市城四家子城址。随着城四家子城址考古发掘的展开，学界进一步确认其应为辽代的长春州，金代的新泰州。

长春州已经找到了，那么，春捺钵遗址究竟在何处呢？

多年来，偏僻荒芜的乾安县花敖泡南岸常年干旱少雨，植被稀疏，鲜有人迹，光顾的只有牛羊。直到 2009 年 11 月，第三次全国文物普查期间，乾安县文物部门在走访调查时，县西赞字乡后鸣字村一个老羊倌的话引起了调查员的注意。羊倌说，他在花敖泡附近放羊的时候，捡到过古代钱币，而且那里遍地都是碎陶片。乾安县文物管理所所长王忠军听了羊倌的描述，请羊倌带路去花敖泡。到达目的地后，望着茫茫荒原上错落的土台基，在部分台基和断面可清楚地看到有大量的红烧土、陶瓷残片、布纹瓦、铜钱等，王忠军意识到，这片荒原并不平凡。他及时将调查情况向吉林省文物局进行了汇报。

很快，国家专家组和吉林省专家来到了现场，开始进行细致的调查与勘探。调查发现，台基不是天然形成，而是为熟土堆积而成。采集的文物多具有辽金文物的特征。另外，这种野炊类型的遗迹，与文献记载辽金“捺钵”的情景吻合。文献也有捺钵营帐建于土台基之上的记载。考古专家认为这种大型郊野营地遗址是目前国内所见最为特殊的遗址类型之一，推测与辽金春捺钵存在很大联系，故将四处遗址统一命名为“辽金春捺钵遗址群”。考古人员对四处遗址群分别以邻近的村庄命名为“后鸣字区春捺钵遗址”“腾字区春捺钵遗址”“藏字区春捺钵遗址”“地字区春捺钵遗址”。其中后鸣字区有1000余座土台，地字区有270余座土台，藏字区有290余座土台，腾字区有480余座土台。

当时正值第七批全国重点文物保护单位申报阶段，按照吉林省文物局指示，立即组织相关专家整理有关资料。2009年12月25日，吉林省文物局破格将“辽金春捺钵遗址群”申报国家级重点文物保护单位评审。

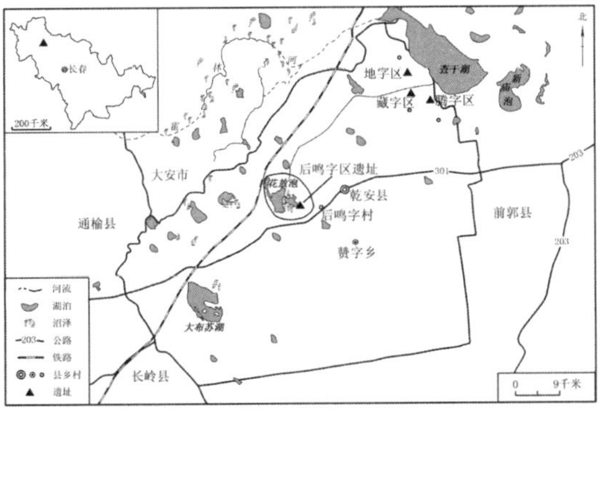

春捺钵遗址群位置图

地字区土台航拍图

藏字区土台

腾字区土台

辽朝和捺钵制度

公元907年，英勇善战的耶律阿保机成为契丹大首领，登上可汗的宝座。公元916年，他在北方地区建立了统一的多民族地方政权——辽朝。从此，辽朝在北方地区快速崛起，“幅员万里”，是北方地区绝对的霸主，最强盛时期其疆域东到日本海，西至阿尔泰山，北到额尔古纳河、外兴安岭一带，南与当时统治中原的宋朝相对峙，形成南北朝对峙之势。在辽朝建国200余年中，契丹人四处征战，其军事力量与影响力涵盖西域地区，因此在唐朝灭亡后，中亚、西亚与东欧等地区将辽朝（契丹）视为中国的代表称谓。

契丹在我国统一多民族国家形成与发展过程中留下了浓墨重彩的一笔。《辽史·营卫志》中记载：“大漠之间，多寒多风，畜牧畋渔以食，皮毛以衣，转徙随时，车马为家。此天时地利所以限南北也。辽国尽有大漠，浸包长城之境，因宜为治。秋冬违寒，春夏避暑，随水草就畋渔，岁以为常。四时各有行在之所，谓之‘捺钵’。”“捺钵”一词是契丹语译音，本义为行营、行帐、营盘，后被引申用来指称契丹皇帝的四季游猎活动及其驻营地，这是国家政治中心之所在，这种捺钵制度为辽朝首创。

契丹族为游牧民族，辽朝是契丹人在马背上建立的政权。因此，契丹皇帝与中原汉族皇帝不同，不是常年居守于京城，而是随着季节、气候和水草的变化四时游徙，进行“春水”“秋山”“夏凉”与“坐冬”活动。“四

时捺钵”既是辽代皇帝保留游牧习性，随季节迁徙的活动，也是皇帝议政治军的政治活动。其中“春捺钵”“秋捺钵”主要处理辽朝和其他所属民族的关系；“夏捺钵”“冬捺钵”主要召开南北臣僚会议。四时“捺钵”的地带，辽代中期以后就大体固定了下来。同时，契丹族的“捺钵”制度也对我国北方民族建立的金、元、清代政权产生了深远的影响。

“春捺钵”是四时捺钵之首，在捺钵制度中尤为重要。“春捺钵”也称“春水”，意为春渔于水，即钩鱼、捕鹅。它是一年之初辽代皇帝祭祀天地，祈求丰年的重大活动，也是辽国监管、笼络北方诸部族的重要手段之一。《辽史·营卫志》记载：“春捺钵，曰鸭子河泺。皇帝正月上旬起牙帐，约六十日方至。天鹅未至，卓帐冰上，凿冰取鱼。冰泮，乃纵鹰鹘捕鹅雁。晨出暮归，从事弋猎。……鹘擒鹅坠……皇帝得头鹅，荐庙，羣臣各献酒果，举乐。……弋猎网钩，春尽乃还。”辽代“春捺钵”从正月开始，约四月结束，其主要渔猎活动是钩鱼和捕鹅。

每年正月上旬时，辽代皇帝率领群臣百官从上京出发，到达春捺钵营地之后，先在冰上扎起帐篷，然后在冰面上凿出冰眼，透过冰眼来寻找鱼的行踪，待发现大鱼后，由皇帝亲手下钩抓第一条鱼，钩得的第一条鱼被称为头鱼。得头鱼并祭祀后，就要在大帐内置酒设宴，皇帝携前来祝贺的女真各部酋长饮酒、歌舞、赏赐，女真酋长则供奉礼物。皇帝的头鱼宴除了娱乐目的之外，更多的是彰显其威严并笼络女真各部。

等到冰雪消融、候鸟北回的时候，春捺钵第二项重要的捕鹅活动就开始了。这时，大队人马从捕鱼的湖沼前往湿地，猎捕天鹅。彼时，侍从们都要穿墨绿色的衣服，每人准备连锤一柄，鹰食一器，刺鹅锥一枚，在水泊周围每隔五、七步排立。“皇帝冠巾，衣时服，系玉束带，于上风望之。”如果谁发现了鹅，就高高举起旗帜，鹅受惊飞起后，侍从们敲起扁鼓，摇动旗帜。此时，专门饲养海东青的侍官将海东青呈给皇帝放飞。海东青飞上天空与鹅搏斗，待鹅坠地，距离最近的侍从立刻上前，拿起刺鹅锥将鹅杀死，将鹅脑喂海东青。皇帝得头鹅之后，先要祭祀祖庙，然后群臣们争抢鹅羽，将鹅毛插在头上，饮酒作乐。

从表面上看，春捺钵是一种皇帝行幸的游乐活动，实际上，这是一种特殊方式的政治活动。在辽代，嫩江和洮儿河交汇处一带是辽国君臣每年春天的临时办公地点。辽国皇帝把春捺钵设在这里，对这一带的重视程度可见一斑。

改朝换代：落日与朝阳

辽猎取天鹅主要靠一种名为“海东青”的猛禽，来自女真地。所派“银牌天使”到了女真地后，百般需索，稍有怠慢，女真人就要受到杖责甚至诛杀。辽的官吏和土豪恶霸对女真人肆意压榨盘剥，称为“打女真”。辽人的种种恶行埋下了仇恨的种子。

公元 1112 年阴历二月，辽天祚皇帝到松嫩汇流处捺钵，界外千里之内的生女真前来觐见，头鱼宴中酒至半酣时，天祚帝命各酋长依次起舞助酒兴，阿骨打推说不会，谕之再三也未从命，险些被杀。备受辽人欺侮的女真领袖阿骨打在看透辽荒淫腐败的虚弱本质后，探得辽在宁江州只有驻军 800 人的虚实，在今夫余得胜镇拉林河畔的一处高阜——“得胜陀”举义，率 2500 之众兴兵伐辽。公元 1115 年正月，在进军达鲁古城的前夜，金太祖完颜阿骨打即位，大金国成立。

捺钵是辽人首创的特殊的政治制度，女真人建立金国后，为女真人所沿用。捺钵在金代的制度化，始于金熙宗天眷二年（1139 年）。《建炎以来系年要录》载：“是冬，金主亶谕其政省：自今四时游猎，春水秋山，冬夏捺钵，并循辽人故事。”辽金时期，捺钵之地见证了北方各民族走向统一的过程，见证了捺钵制度的魅力所在，见证者这一时期的风云变幻，也见证了辽走向衰落和大金王朝的崛起。

一锹一铲：历史痕迹重见天日

“辽金春捺钵遗址群”于 2012 年被评为第七批“全国重点文物保护单位”，2021 年入选国家文物局的《大遗址保护利用“十四五”专项规划》。2013 年，乾安后鸣字区春捺钵遗址所在的花敖泡成为当时在修建的哈达山水利工程的主要蓄水湖之一，设计蓄水后水面将高出遗址大约 8 米，制定保护遗址规划迫在眉睫。为配合保护规划的制定，也为探明春捺钵遗址的文化内涵，吉林省文物考古研究所联合吉林大学边疆考古研究中心、吉林大学考古学院于 2013—2016 年、2018 年对乾安春捺钵遗址群进行了为期 5 年的考古调查与发掘。

四处遗址群中，距县城约 10 千米的花敖泡东南岸的后鸣字区较为特殊，地理位置上，它距离其他三处遗址群较远，且土台数量多达 1000 余个。在吉林大学冯恩学教授的带领下，吉林大学边疆考古中心、吉林大学考古学院和乾安县文物管理所首先对后鸣字区展开发掘，精美的瓦当、滴水、佛教造像、陶瓷器、北宋铜钱、辽代铜钱、玉器等上百件文物重见天日。

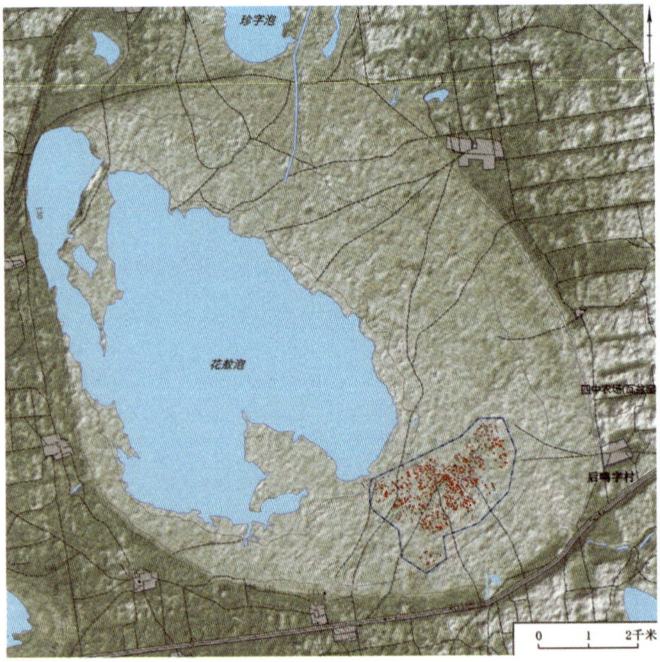

后鸣字区遗址分布位置图

后鸣字区土台基长15米至50米，高0.5米至3米。从已解剖的土台构成来看，土台中均包含或多或少的陶瓷片，部分土台土质致密坚硬，应被有意加工，土台为平地起建，常年多次修筑累积而成，在形成过程中受到了风雨侵蚀和风沙沉积的影响。从调查的土台来看，绝大多数土台上散落有辽金时期灰陶片、白瓷片，少量土台上有铁器（渣铁）、铜器（铜渣）等遗物，遗址内土台均应为人工土台。高大的土台是经过多年人工垫筑并伴以踩踏、夯打而形成的。所发掘的多数土台内没有发现辽金时期人类定居生活常见的地面房屋建筑，只有室外灶等用火遗迹，推测这些土台应是用来供人们搭建帐篷临时生活的建筑设施。在后鸣字区部分土台底部发现辽代常见的细密篦点纹陶片，并在遗址中采集到辽代乾统元宝、绿釉划花瓷片、盘口陶罐等辽代常见器物，可以确定遗址始于辽代。同时遗址中发现较多金代遗存，可知遗址在金代仍被使用。

后鸣字区土台群位于古湖底部的岸边，东西绵延3600米，营地规模极为宏大，远远超过了辽金州城。花敖泡湖周围是盐碱地草甸草原，资源有限，草原植被很脆弱，不能承载成千上万的人马长期生活，所以遗址所在地只能是"轮牧"式的季节性营地。这些都符合春捺钵营地遗址的特点。修建土台基，再于其上搭建帐篷，可以防潮防水，便于生活。《辽史·营卫志》记载，辽代冬捺钵营地的皇帝营帐"基高尺余"，那么春捺钵时在潮湿地区的营地修建土台基也是可能的。如果将土台群看成一个聚落，大小高低不尽相同的土台在各自的区域可能承担着不同的功能，限于目前考古资料的不足，暂时无法对遗址进行功能的分区。而通过发掘得知不同土台内遗存各不相同，这为推测土台的功能提供了一丝线索，如B089-3土台内土灶较多，遗物如陶瓷片、动物骨骼十分丰富，故推测其应承担着庖厨的功能；B089-11土台内遗存较少，仅发现少许陶片瓷片，且存在较硬的夯土层，其功能应不同于土台B089-3；B103-7上有铁匠炉J5，推测其承担着铁匠铺的功能。

后鸣字区中北部核心处有一处周长400余米的院落址，院落址中的1号建筑址推测为特殊的宗教祭祀建筑。春捺钵时臣民捕获的第一只天鹅要敬献给皇帝，文献中有“一鹅先得金百两，天使走送贤王庐”“皇帝得头鹅，荐庙”等记载，说明春捺钵之地应有祭祀的庙。在一个经常驻跸的固定的春捺钵营地修建一个供奉神灵的小型建筑是有可能的。院落址的重要位置和院落内遗迹的特殊布局，显示此院落址可能与捺钵祭祀的庙有关。金代皇帝“循契丹故事，四时游猎，春水秋山，冬夏剌钵”。金初可能再次利用了这个营地，增高了部分土台，并翻修了庙宇。

查干湖西南岸三个片区和后鸣字区春捺钵遗址的直线距离约 30 千米。2018 年藏字区春捺钵遗址的发掘表明，其年代和文化面貌与后鸣字区基本一致，因此，以藏字区为代表的查干湖西南岸春捺钵遗址和后鸣字区春捺钵遗址具有较强的同质性。由于春捺钵遗址群各区的分布范围均较大，难以做到全覆盖式的考古发掘，故对于它们之间在使用时的关系推测存在多种可能。

后鸣字区院落址全景

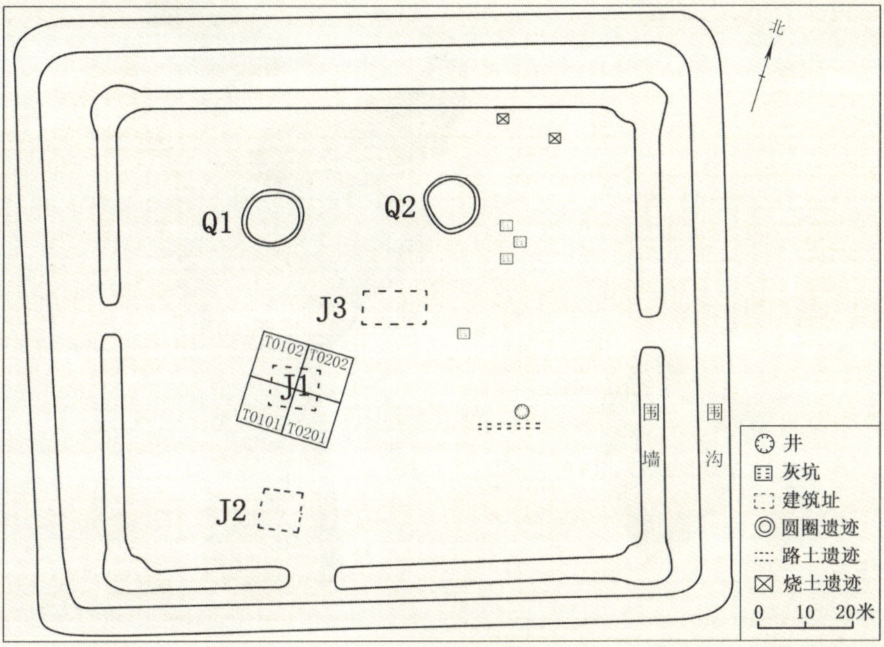

后鸣字区院落址平面图

后鸣字区 1 号建筑址（东北—西南）

陶佛教造像

凤鸟形陶建筑构件

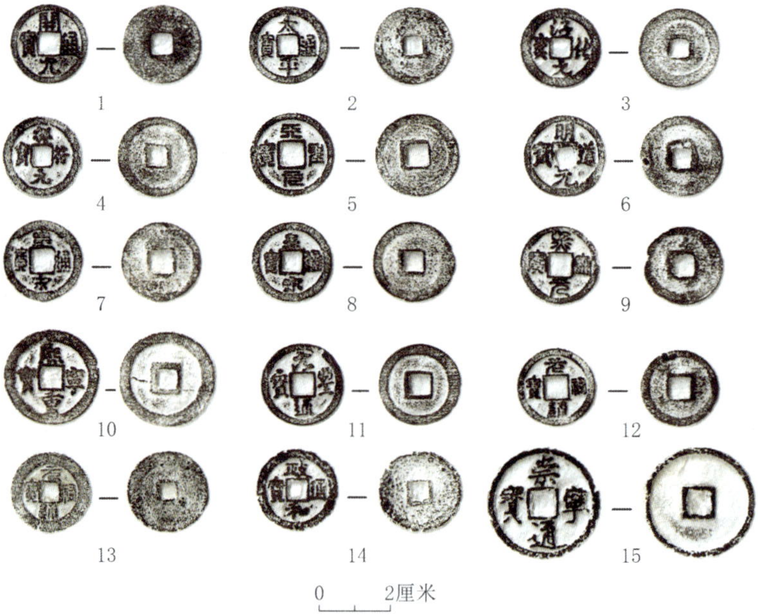

后鸣字区出土的钱币拓本

辽金春捺钵遗址群中，后鸣字区的分布范围最广、土台数量最多，约是查干湖西南岸三区的总和。辽代的春捺钵活动地点不固定，随行人员众多，后鸣字区和查干湖西南岸的三区都是围绕湖面分布，遗存特点又高度相近，有可能是不同时期或年份形成的捺钵地点，因此，从土台数量和分布规模上看，后鸣字区和查干湖西南岸的三区有着一定的对等性。

后鸣字区遗址内有一处周长400多米的院落址，内有夯土建筑台基，出土有佛像、建筑构件等遗物，发掘者据此推测该院落址可能与辽代春捺钵的祭祀活动存在一定关系。另外，通过对查干湖西南岸三个春捺钵遗址区的调查和发掘，未见到有此类高等级的遗迹或遗物，因此，从遗址区的建筑等级来看，位于西南方的后鸣字区春捺钵遗址可能规格更高。

这种格局的最初奠定，是否与辽代春捺钵所具有的政治军事目的有一定的关系？辽代的春捺钵从表面看来是游猎活动，但是春捺钵活动的区域也正是辽代统治核心势力范围和东北部少数民族活动区域的交界地带，尤其是活动于松花江、黑龙江流域的女真人，一直是辽代统治下的不稳定因素。乾安县境内的春捺钵遗址群四个地点所形成的两大片区，可能是辽代皇帝历次春捺钵活动的地点之一，驻跸后形成了高等级区域在西南、随行军队在东北的格局。东北地区冬季寒冷，即便是春季，湖面依然结着厚厚的冰层，查干湖西南岸的三区呈西北—东南向分布，正好可以形成一道面向东北方冰面开阔地带的防御屏障，承担起西南方几十里外高级别营地的防卫任务。

春捺钵遗址群是迄今发现的中国面积最大、全世界也罕见的古代游牧民族季节性渔猎营地遗址，其重要程度不言而喻。契丹人剽悍勇猛，全民皆兵，战时为兵，闲时游牧，契丹人的尚武精神和游牧文化造就了春捺钵遗址，通过对春捺钵遗址的发掘，可见当时辽人在湖畔安营扎寨，旌旗飞扬，凿冰畋渔，猎鹅捕雁，祭祀天地的盛况！

千年辽塔

农安辽塔又称龙安塔、黄龙宝塔、龙湾古塔、隆安佛塔等，位于农安古城西垣外 100 米处，今吉林省长春市农安县城西部，黄龙路与宝塔街交会处，是一座辽代修建的佛塔。如今，这座古塔已经有近 1000 年的历史，是中国东北地区较早修建的佛塔，是矗立在我国北方的文化瑰宝。那么，这座古塔为何而建，又有着怎样的历史呢？现在，让我们一起去探寻这座古塔的故事吧！

修塔镇龙

关于农安辽塔的修建，有一个神秘的传说。相传，在辽圣宗耶律隆绪在位时，司天监夜观天象，发现有流星自天而降，落在黄龙府地界。圣宗听了大惊，派司天监到黄龙府去一探究竟。司天监从上京城出发，披星戴月，日夜兼程，整整走了七天七夜，终于来到黄龙府。傍晚时分见黄龙府城东门外有紫气弥漫，似有龙在腾云驾雾。次日，司天监赴外察看，发现黄龙府城东门外有一条大河，河岸是连绵不断的山脉，一直延伸至祥州城，宛若一条巨龙。司天监判定这是一条龙脉，土龙即将出世，于是立刻回京，将此事汇报给辽圣宗。圣宗听了大惊，神色突变，恐有真龙天子出世，与辽朝争夺天下，认为这是亡国的兆头，遂寻找得道高人以求镇压之法。辽代盛行佛教，一高僧对圣宗说，土龙出世，须以佛塔镇压。因此，圣宗决定派人修建佛塔以镇压土龙，镇龙需压在龙头之上，遂将佛塔修建在祥州城，谁知佛塔修建一半时，高僧又说龙脉已经转移，这佛塔再继续修建也无法镇压土龙，须循着龙脉转移的地方重新选址修建佛塔。于是，圣宗下令停止修建此塔，在黄龙府城西门外改建新塔。修成的农安辽塔庄严肃穆，八面玲珑，将土龙镇压在塔下，了却了帝王一桩心事，却未能阻止辽国灭亡的命运，辽终被金取代。后来，人们把未修成的塔称为半截塔，修成的塔称为农安辽塔。

古城风云

农安古城平面呈平行四边形，周长 4657 米，东墙 1157 米，南墙 1150 米，西墙 1176 米，北墙 1174 米。每面城墙的正中各有一城门，西门北侧，东门北侧各设一小门。城墙夯筑，墙基宽 30 米。北墙残高 0.5~2 米，东墙残高 1~3 米，南墙大部分被破坏，仅城门以东尚留残痕，城门以西墙基皆被住房占用，西墙墙基早已布满住房和宅院，已无痕迹可察。四隅均有角楼，东北角楼残高 7 米，东南角楼残高 3 米，其余两个角楼稍有痕迹。墙外有护城河 。从古城残存的痕迹依稀可见昔日的繁华景象，千年已逝，这座古城有着怎样的风云历史，让我们一起来了解吧！

据《辽史》记载，“龙州，黄龙府。本渤海夫餘府。太祖平渤海还，至此崩，有黄龙见，更名。保宁七年，军将燕颇叛，府废。开泰九年，迁城于东北，以宗州、檀州汉户一千复置”。“辛巳平旦，子城上见黄龙缭绕，可长一里，光耀夺目，入于行宫。”唐朝时，夫餘王城变为渤海国军事重镇，更名为夫餘府。到了辽时，辽太祖耶律阿保机率大军灭渤海国，病死在夫餘府，因有一条黄龙现世，所以将夫餘府更名为黄龙府。辽景宗保宁七年时，卫将燕颇杀都监张琚，黄龙府居民随之叛逃，黄龙府被废弃。《三朝北盟会编》记载，“凡聚会处，诸国人语言不能相通晓，则各为汉语以正方能辨之”，黄龙府是汉人、契丹人、蒙古人、高丽人、女真人的混居地区，恢复黄龙府建制，可以有效地管理、控制这些民族，维护辽国统治的稳定。因此，辽圣宗开泰九年，将宗州、檀州等地 1000

户汉人迁到黄龙府，恢复了黄龙府的建制。迁移的汉人带来了中原先进的农业和手工业技术，对黄龙府经济的发展起到重要的促进作用。

辽国分为五京道，即上京道、南京道、中京道、西京道和东京道，黄龙府归东京道管辖。黄龙府是辽朝东北地区的政治和军事重镇，在政治上，黄龙府下统五州三县，即安远州、益州、威州、青州、雍州、黄龙县、迁民县、永平县；在军事上，黄龙府设兵马都部署司，统领信州彰化军、宾州怀化军、祥州瑞圣军、威州武宁军、安远州怀义军、清州建宁军以及隗衍突厥部、奥衍突厥部、北唐古部、五国部等部族兵马。黄龙府的重要性可想而知。

《金史》记载："八月戊戌，上亲征黄龙府。次混同江，无舟，上使一人道前，乘赭白马径涉，曰：'视吾鞭所指而行。'诸军随之，水及马腹。后使舟人测其渡处，深不得其底。""九月，克黄龙府，遣辞剌还，遂班师。至江，径渡如前。丁丑，至自黄龙府。己卯，黄龙见空中。""熙宗天眷二年，以黄龙府为济州，军曰利涉，盖以太祖涉济故也。"如文献记载，收国元年八月，金太祖完颜阿骨打率军攻打黄龙府，一路行军到混同江边，被波涛汹涌的江水所阻挡，江水滔滔又无船可用，金太祖便命一人直接骑赭白马渡江，为大军引路，大军按照他鞭子所指的方向前进，水深仅到马腹，大军顺利渡江。后来，有人测量渡江之处的水深，江水深不见底。九月，金军占领黄龙府。天眷二年，熙宗认为当年太祖无船而顺利渡过混同江是天意，所以将黄龙府更名为济州。金大定二十九年，又改名为隆州。北宋徽宗赵佶、钦宗赵桓二帝就曾被羁押在这里，也因此有了著名抗金将领岳飞的"直抵黄龙府，与诸君痛饮耳"的豪言壮志。

到了元代，由于黄龙府在频繁的战事中遭到极大的破坏，以及元朝疆域的扩大，黄龙府从边境变为内地，黄龙府的军事地位也随之下降，成为元代开元路治所。

前世今生

佛教于汉代传入中国。契丹人本无佛教信仰，而是信奉萨满教，但辽朝建立后，为了维护统治，安抚民心，便大力发展佛教，修建佛寺、佛塔。《辽史》记载太宗曾在幽州建寺庙，尊白衣观音为家神，以表达统治阶级对崇佛信佛的态度。《全辽文》灵感寺释迦佛舍利塔碑铭记载："虽殚其筋力，尝不为劳；然竭以资财，亦不为费；至若累宝檐络珠网，接云汉而起，尝不为高；并闾阎夷井灶有郛郭之半，亦不为广。其人心勤厚有如此者，皇朝定天下以武，守天下以文，太平既久，而人心向善。故此教所以盛弘。凡民间建立佛寺。靡弗如意。"由此可见当时社会崇佛信佛思想的盛行。

佛塔随佛教传入，曾被音译为"塔婆""佛图""浮图""浮屠"等，用于瘗埋舍利或供奉佛像、佛经，故也被意译为"方坟""圆冢"。隋唐时，才以"塔"作为统一的译名，并沿用至今。佛塔按材质可分为木塔、铁塔、砖塔、石塔、琉璃塔等；按平面形制可分为圆形塔、方形塔、六角形塔、八角形塔等；按塔的用途可分为墓塔、供奉塔、镇压塔、祈福塔、报恩塔等；按塔檐造型可分为密檐式、楼阁式等类型。早期的佛塔多为木结构，后来随着砖结构技术的提高，砖塔逐渐取代木塔成为主流。

辽代时，砖塔的建造技术已经非常成熟，辽代又推崇佛教，因此辽代砖塔遍及其疆域。但由于辽末期的破坏和此后近千年的自然及人为损毁，至今尚存的辽代砖塔约百座。从现存辽代砖塔分布情况来看，南至涿州、北至蒙古人民共和国境内、西至山西北部、东至辽宁中部皆有存在，其中以京津冀地区和东北及内蒙古东部地区的分布最为密集 。

农安辽塔建于佛教盛行，佛寺林立的社会环境下。由于目前还没有明确的纪年文字证明农安辽塔的建造年代，因此关于此塔的建造年代有诸多推测。《鸡林旧闻录》记载农安辽塔建于辽圣宗年间。学界普遍认同农安辽塔建于辽圣宗耶律隆绪太平三年至十年（1023—1030 年）的说法。姜维东认为佛塔建造年代应晚于寺院，他认为黄龙府寺院建于辽圣宗时期（1020—1031 年），因此，农安辽塔的建成时间当在辽圣宗末，甚至是在兴宗、道宗时期 。张晓东根据农安辽塔密檐层层施用斗拱，斗拱之泥道拱与令拱等长，且密檐高度超过塔高之半，推测此塔应建于道宗清宁三年后 。

沧海桑田，白驹过隙，农安辽塔历经千年岁月的洗礼，饱经风霜，塔身已被剥蚀成棒槌形，塔基和塔檐都遭到了极大的破坏，濒临倒塌。为了保护这座珍贵的文化遗产，1953 年由吉林省人民政府拨款，于卓云先生主持维修，但修至第十层时，维修工程因故停止。直到 1983 年，由国家拨款，对农安辽塔进行了一次全面修缮。自此，农安辽塔重获新生。

农安辽塔为八角十三层密檐式砖塔，由塔座、塔身、塔刹三部分组成，该塔通高 44 米。该塔建于一方形花岗石上，维修后的塔基最下一部分为须弥座，其上为仰莲座，平面均为八角形，边长 5.2 米。第一层塔身立于塔座上，平面八角形，边长约 4.5 米，连同基座和一层檐总高 13 米。塔身每面间隔着各建一个圆拱券式假门或圆拱券龛，塔身转角各施圆形角柱，上施阑普。

塔身之上为十三层密而扁的檐中，最下一层属于第一层塔身，出檐稍远。上部十二层塔檐，各层重叠不露塔身，出檐宽度每层向上递减，使塔外廓做缓和的收分。塔各层出檐不远，檐下均施双杪斗拱 。二层以上密檐部分高 21 米，全部密檐高度当超过塔高之半。第十三层顶为八角攒尖式，高约 1 米，施作垂脊八条，上筑塔刹之刹座 。每层塔檐戗脊上均饰蹲兽，前为雄狮，后为天马，昂首挺胸，栩栩如生。垂脊两侧为凸起的筒瓦，筒瓦前端连接圆形瓦当，当面周饰双重套环，中间刻喜字图案。十三层塔檐的八个檐角上都挂有风铃，共 104 个。微风拂过，风铃便随之摇曳摆动，金铁齐鸣，铮铮作响，远近皆闻，别有趣味。

塔刹为维修时修补而成，高 8 米，八角刹座上承仰莲三重，再上依次为覆钵、伞盖、圆光、仰月、宝珠、宝盖，伞盖四角用铜链分别系于塔脊四角上，再上为圆光、仰月、宝珠等 。塔刹造型优美，精致挺拔。

古塔内部实心，1953 年在维修农安辽塔时，在塔身距地面 25 米高处发现宫室，即天宫，位置约在第十层檐，宫室平面略作方形，长 2.35 米，宽 2.28 米，高 4.62 米，叠涩盝顶，室内原有砖砌台子，疑为供桌一类，上有木房子，疑为硬山式小帐之类。天宫内出土铜佛、铜菩萨、银牌、香炉、木盒、布包、瓷盒等文物 7 件 。

1991 年，农安辽塔塔身出现裂缝，因而通过加箍、灌注等方法加固。2018 年，又对其进行了第四次修复，更换古塔瓦件、修复残损青砖，剔除以往塔身修补的涂料等。经历了四次跨世纪的修复，修建后的农安辽塔恢复往昔英姿，古塔依旧高大挺拔，古朴雄浑；形如春笋，瘦削挺拔；似擎天一柱，直插云霄。如今的农安辽塔虽矗立在闹市之中，但远观古塔，仿佛能感受到“明烛佛音祛浊垢，月临古刹沁心脾”的袅袅佛音，看到千年前“影堂香火长相续，应得人来礼拜多”的盛景。

维修前的农安辽塔

第一次维修后的农安辽塔

农安辽塔现状

修塔方法

农安辽塔通高 44 米，在没有现代化机械设备的古代，古人是如何建造这么高的佛塔呢？

在古代，想要建造楼宇，要有大量的准备工作。第一要务是选择施工负责人，由负责人作出施工方案，绘图纸，选择建造位置，然后根据设计方案进行施工。在建造过程中，材料要如何运输呢？《营造法式》记载，用于运输的车有螭车、犊、驴拽车、独轮小车等，根据材料的重量选择不同的车进行运输。在建造过程中，如何将建筑材料运输到高处呢？对于单件重量较轻的材料，可沿梯或斜坡道至高处，用人力背负或担挑，也可以用层层转递抛掷的办法，如砖、瓦等。此外，还可以用绳索提拉，但提重也有限。当构件较重时，则需专用的设备、工具。首先是杠杆，但它的起吊高度有限，而且需要临时架设支点。其次为滑车或辘轳。单滑车可以改变用力方向，并且可以用多人和畜力参加。用滑轮组可以大为减少劳力强度，辘轳加上绞盘长柄，可以和滑车配套，形成有效的提升工具。沉重金属构件的巨大刹杆起吊就使用此种方法。脚手架也是古代施工时的重要工具。筑塔时，脚手架围塔成井状，依附塔身，因此在古塔上常见有脚手架依附所形成的孔眼 。

灯塔

农安辽塔这座矗立了千年的古塔，经历了农安的沧桑巨变，见证了一代又一代农安人的成长。同样，农安辽塔作为农安的标志性建筑，也融入一代代农安人的记忆，是所有农安人心中的骄傲。

农安辽塔，1961 年被公布为吉林省文物保护单位，2013 年被列为第七批全国重点文物保护单位、国家 3A 级旅游景区，为了更好地保护古塔，以供游客参观，农安县委、县政府建设了辽塔游园项目，以农安辽塔为中心，修建黄龙寺，充分展现辽金文化、黄龙文化、关东文化。

辽塔游园由 11 座四角凉亭、7 道连廊和游园中心处的下沉式广场组成。园内绿树成荫，曲径通幽，游廊交错，飞檐流阁，远远望去宛如一块无瑕的翡翠装饰着城市的一角。“结庐在人境，而无车马喧”，游园隔绝了城市的喧嚣，在闹市独取一隅宁静，给人们一处享受静谧的空间。漫步其间，欣赏园中风景，花草树木错落有致，微风拂过，令人心旷神怡。远远望去，辽塔分外突出，立于群树之中，塔刹高耸入云，檐上风铃铮铮作响，清脆悦耳，仿佛置身于世外桃源，享受着历史文化的魅力。

“独在异乡为异客，每逢佳节倍思亲。”对于身在他乡的农安游子来说，农安辽塔是每个人的印象里不可磨灭的故乡记忆，也代表了游子心里不可忘却的乡愁。无论游子身在哪里，辽塔都如同一座海上的灯塔，在夜色中照亮回家的航程。

辽塔游园

古塔夜景

塔虎城

让我们摊开东北的地图，把目光落在地图中央。这里是我国面积最大的平原——东北平原。松花江从南向北流过，又拐了个弯向东奔去，嫩江从北往南流淌，再汇入松花江的臂弯。两条长河就这样默不作声地拥抱，交汇成“人”字，滋润着广袤而肥沃的土地。而今天我们要讲述的塔虎城的故事，就是发生在这两河交汇处的一处高岗上。这是一座有着900年历史的古城，也是一处决定东亚政局的古战场。

塔虎城，又写作“他虎”“塔呼”，是蒙古语地名的音译，具体含义尚无定论，可能是“马蹄铁”或“胖头鱼”的意思。如果你乘车行驶在松原和大安之间的302国道上，一定会经过这座古城。行过八郎镇，远远就可以望到它高耸的城墙，那里曾是铁甲鏖战的阵地。入城沿国道继续向北，车轮之下就是古城曾经的南北大街，这里曾云集了四方商贾。待到车子渐行渐远，城墙、角楼、马面逐渐成为天边模糊的残影，你或许会听到一声来自历史的长叹，关于一个王朝的荣辱，关于一座城池的兴衰。

塔虎城20世纪70年代卫星照片

塔虎城南门址
（西向东拍摄）

塔虎城 2000 年
考古发掘现场
（北向南拍摄）

发现塔虎城

1983 年，为了配合《文物志》的编写，前郭县的文物工作者对塔虎城进行了细致的调查。塔虎城平面呈正方形，每面城墙长 1300 米左右，周长 5200 米左右，是一座州府级别的大型城址。城墙是用黄土夯筑，也就是在预设的木板里填进黄土，再用石杵一点点夯实，直至变成致密的硬土，如此重复，层层垒高，这样制作的墙体历经千年也不会坍塌。塔虎城现存的城墙底宽 20 米左右，最高处达到 8 米。城墙上每隔一箭之地便设置一处凸出于墙体的马面，用来从侧面攻击攀缘之敌。城墙外有两道护城河，中间用土堤相隔，在护城河的底部还发现有礌石和铁蒺藜。城墙的四角设置有高大的角台，角台外还有一道副墙。四处城门各开设在每面城墙的正中央，城门外还设置了半圆形的瓮城。总之，塔虎城的防御可谓滴水不漏，固若金汤。

除了坚固的城防，在塔虎城内外还有大量的建筑遗迹。在城外的东北部有一处佛塔基址，平面呈六边形，出土有牡丹纹雕砖。在城东门外有一道运河遗迹，宽约 50 米，向东直通嫩江。在城内西北部有一处高大的台基，应当是官府所在。此外，古城东面、西面、北面，都发现有陶窑遗址，城内居民使用的陶器、城内外建筑所用的砖瓦都是出自这些陶窑。根据勘探结果，城内的道路呈五横五纵，使城内的街区呈现棋盘状布局。

2000 年，有关部门决定拓宽贯穿塔虎城的一级公路，也就是现在的 302 国道。挖掘路基势必会破坏城内的古代遗迹，因此吉林省文物考古研究所组织了吉林省各地的考古文博工作者，对公路两侧进行了大规模的抢救性发掘。这次考古“会战”揭露出了塔虎城南北大街上的古代民居建筑，出土了大量城内居民所使用的器物，最重要的是，考古工作者根据出土文物确定了这是一座修建于金代的古城，又根据古地图和古书上的记录，确定了它在历史中的名字——辽代的出河店，金代的肇州城。

出河店之战

让我们把时间倒流到公元 1114 年那个寒冷的冬天。在鸭子河南岸，有一座叫作“出河店”的小村庄。顾名思义，想要过河的旅客，可以在这里打火住店。 村庄坐落在大辽国最东端的边境地带，是一处重要的交通枢纽，向东南行八十里便是宁江州，再向东行一百来里，便是生女真人的领地。几天前，斥候的马蹄声打破了这里的平静，随之而来的是遮天蔽日的旌旗、连绵不绝的驼车，辽国汇集了来自各路的七千兵马，以及数以万计的民夫、家属，来到出河店安营扎寨。

就在不久之前，女真人在首领完颜阿骨打的带领下起兵反辽，一举攻破宁江州。女真人是生活在辽国东境的部落，主要靠狩猎和农耕过活。虽然人口不多，但作为优秀的猎人，他们有着“满万不可敌”的传说。

宁江州之战让大辽丢尽颜面，因此天祚皇帝挥兵七千、号称十万，准备先收复宁江州，再直捣黄龙，踏平按出虎水，将女真人犁庭扫穴。

辽朝是契丹人耶律阿保机在公元 907 年建立的封建王朝，是我国历史上与宋朝南北并立的一个朝代。在其治下的民众包括汉、契丹、奚、渤海人以及向其臣属的阻卜、室韦、女真，等等。辽国疆土广阔，东到日本海，西至阿尔泰山，北到额尔古纳河，南到河北的白沟河。辽国国祚绵长，从耶律阿保机传到耶律延禧（天祚帝），历经九位皇帝，历时两百余年。经过漫长的发展，辽国的城市已经多达数百座，控弦之士不下十万人，盔甲武器堆积成山，牛羊钱帛不可称数。作为这样一个庞大帝国的君主，天祚帝自然不会把小小的女真部落放在眼里。同样，屯驻在出河店的辽军一样没把女真人放在眼里，他们烹羊宰牛，载歌载舞，幻想着班师后的论功行赏，却没人嗅到危险的味道。

辽军把营地布防的重点放在了出河店的东南侧，这里地势平坦，没有山水阻隔，是宁江州女真进攻的最优路径。出河店的东北侧是宽阔的嫩江，此时已经封冻，辽军居高临下，凭借江险，对这个方向的防御并没有给与足够重视，只是派出了一小队士兵凿开冰面，破坏道路。而此时在女真大营，完颜阿骨打辗转难眠，他深知女真与大辽之间的悬殊差距，此战凶吉关乎部落的命运，赢则尚存生机，输则尸骨无存。想着想着，一阵困意袭来，完颜阿骨打渐渐睡着，这时仿佛有神明在对他警醒，他猛然坐起，一个绝妙的想法迸发而出。

女真人选择了奇袭。三千七百甲士乘着夜色，打着火把，一路向出河店北侧的嫩江奔去。在次日拂晓，黑压压的女真骑士出现在了冰河对岸。破坏冰面的辽兵很快就被打散，但刺骨的江水还是吞没了不少勇士。辽军对突如其来的敌人毫无防备，又赶上风沙四起，女真人乘着风势，突入辽军大营，兵刃所指之处势如破竹。在搞清情况之后，辽军开始组织起溃散的士兵，向东南方向撤退。女真人一路追击，最终在斡论泺（今查干湖）发现了正在修整的辽军，经过一番战斗，彻底击败了天祚帝派来的全部兵马。这场以少胜多、惊心动魄的战役至此落下帷幕，史称“出河店之战”。经过此役，女真人彻底扶稳了反辽的大旗，为立国打下了基础。

金代肇州城

在出河店之战后，女真人又抵住了数轮辽军的攻势，并最终击溃了御驾亲征的天祚帝，覆灭了大辽，又乘势灭亡了北宋。女真人将自己新建立的国家称为“大金”，中国历史从此进入金、南宋南北对立的局面。为了纪念出河店之战的胜利，金朝政府在出河店旧址上新建了一座城市，并取名为“肇州”。肇字，是肇始的意思，意味着金朝“肇基王迹”在此，以纪念金太祖完颜阿骨打的艰苦创业。这座建立在辽代小村庄“出河店”上的城市，便是我们今天所看到的塔虎城。

《金史·地理志》记载，肇州的级别初为防御州，后升为节度州，是东北地区一座重要的城市，城中居民有 5375 户。考古学家发掘出的遗迹、遗物为我们勾勒出了金代肇州市民衣食住行的大体面貌。让我们穿越到金代，去看一看肇州城究竟是什么样子。

我们可以乘坐小船，航行在嫩江之上，南岸远远的高岗上，肇州城宛如巨兽般俯卧，一座高耸入云的宝塔如巨兽竖起的尾巴，塔上的铜铎发出阵阵清脆的铃声，仿佛无数鸟儿围着巨兽吟唱。小船顺着运河划向城池，城墙的轮廓越来越高大，半圆形的瓮城外，有民居星星点点，不远处的陶窑人声鼎沸，来自附近的商贩正在窑场旁边挑选刚刚出窑的陶器，用来装米的陶罐、用来存水的陶瓮、用来打水的陶壶、用来盥洗的陶盆都是抢手货。小船停靠在了码头，码头旁边坐落着成片的仓库，旁边有一列漕船正在等待装船，食盐是最主要的货物。由于肇州附近盛产土盐，整个上京路（吉林、黑龙江的平原地区）的百姓都仰仗于此，因此远近的盐商都会凭着盐引（官方给予的经营执照）来肇州进货。

下船上岸，穿过瓮城，可以看到肇州城东门上巍峨的谯楼，屋宇上装饰着威武的鸱吻、脊兽，屋檐下挂着门额。城门是方形的门洞，我们称之为“过梁式城门”，两侧是密集的排叉柱，这是宋金时期最为流行的城门结构。穿过城门我们可以看到东西大路，大路之间被五道纵街分割，街道之间是整齐的民居，而佛寺、官署、官仓、孔庙、州学、军营等各类建筑穿插分布其间。我们走到城市的中心，这里是十字路口，是城市最繁华的地方。路口东南有一处长方形的大型建筑，它内部半铺地砖，密设木质隔墙，屋顶使用凤鸟、瓦当，等级较高，可能是收税的“税务局”或是兑换交钞的“银行”。路口西北有一处小型官式建筑，可能是城隍庙或是戏台，总之是一处公共建筑。

从路口往北走，可以看到一座座鳞次栉比的民居建筑，这些建筑很

塔虎城出土的金代兽面瓦当

塔虎城出土的金代陶兽头

有特色。民居呈方形，使用土墙、茅草屋顶，只有在墙基部分用砖，在屋脊和屋檐部分用瓦。门或朝南开，或朝北开。烟囱立在房屋侧后面，这种与房屋分离的烟囱在满族传统民居中经常见到。民居一般只有一间，少数是两间。推门而入，我们可以看到绕着墙壁铺设的一圈火炕，满族民居中称为“万字炕”“转圈炕”。火炕的一端设有灶台，灶台上安放着一口六耳铁锅。旁边有一口陶瓮埋在地面下，只露出口部，里面盛放清水。灶台旁边的碗橱中，摆放着一些瓷碗、瓷盘。火炕上放着矮脚炕桌，桌面上摆着执壶、盏子。讲究的人家，地面会铺满条砖，墙上还会挂上文人字画。由于金代推行猛安谋克制度，肇州城内居住的女真人往往半耕半戍，还会从事一定的渔猎生产活动，因此在房屋的门口码放着锹、镐、斧、锛、铲等农具及渔网、鱼叉等渔具，角落里还摆放着成套的铁甲、刀、枪、弓箭。

夹杂在民居之间的还有一些食肆、酒店、作坊。其中食肆、酒店往往使用精美的瓷器以招徕顾客。出土文物显示，肇州城里的瓷器来源十分广泛，釉色品类也十分丰富，数量最多的是来自辽阳江官屯窑生产的粗白瓷、黑釉瓷。其次是较为精致的定窑白瓷，有素面、刻划花、印花

塔虎城内的金代房址

三种，往往装饰着荷叶、萱草、花卉、鱼藻、禽鸟。此外还有橄榄青色的耀州窑青瓷、天蓝色的钧瓷、青白色的湖田窑青白瓷。城内的作坊也数量众多，除陶窑外，已知的还包括制骨作坊，生产骨牙刷、骨簪等生活用具以及骨牌、骨骰子等娱乐用具。冶炼作坊则生产铁质农具、兵器及一些小型青铜牌饰。

从北大街望向西北，那是城内最高长官肇州防御使的衙署，是一座多进式的官式建筑，那高大的屋顶让旁边的民居显得格外渺小。衙署部分使用琉璃瓦以彰显等级。城内以及辖区的日常政务就在这里进行。

塔虎城出土的金代双系陶罐

塔虎城出土的金代白地黑花梅瓶

塔虎城出土的金代陶扑满

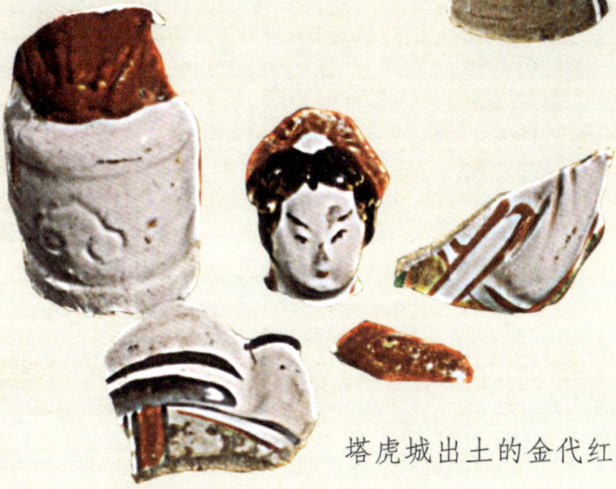

塔虎城出土的金代红绿彩俑

肇州的陷落

公元 1206 年，铁木真在斡难河（今鄂嫩河）源称建立大蒙古国，称成吉思汗。不久之后，蒙金战争爆发，金朝主力在野狐岭大败。贞祐二年（1214 年），金宣宗南迁汴梁，史称“贞祐南迁”。这一时期东北局势急转直下，在金廷南迁的同年，臣服蒙古的契丹反叛军耶律留哥率领大军围困了肇州。这时的肇州节度使叫作纥石烈德，他凭借肇州坚固的城墙进行了坚决的抵抗。由于运河水位较低，来自上京增援的三百船粮食停在嫩江上无法送达。没了粮食，城中的将士很难再抵抗。因此，纥石烈德决定开凿一条水渠，将护城河中的水导入运河，这样漕船就能开到城门附近。他命人一边开凿水渠，一边在旁边挖掘陷马井，让士兵埋伏在旁边，击退前来阻挠的敌军。经过殊死战斗，水渠终于挖通，漕船上的粮食得以运到城内。敌军占不到便宜，终于撤退。纥石烈德不久便被任命为辽东路转运使，城中百姓苦苦阻拦，纥石烈德只能趁着夜色出城上任。此时辽东诸郡都已陷落，肇州城的命运可想而知。这座繁荣的城市最终毁于金末的战火之中，尽管元代建立之后再次利用了城池，并重新设立了肇州，但城市的规模已经大大缩减，这座城市也由“肇基王绩”的荣耀之城沦落成元代流放罪犯的屯田之所。随着元朝的覆灭，肇州城彻底沦为废墟，成为蒙古郭尔罗斯部的游牧之地。当然，也正是城市废弃后的长期荒芜状态，让城市的废墟和遗迹得以完好地埋藏在地下。

塔虎城的百年兴衰不过是我国灿烂历史上的一瞬，但其中的人物、发生的故事、出土的文物，均是祖先留给我们的宝贵财富。当我们透过博物馆的橱窗去欣赏塔虎城出土的精美的瓷器、华丽的铜镜、优雅的佛像，我们要知道它们得以留存至今是一件多么不易的事。我们应当爱护古城的一草一木、一砖一瓦，我们游览的时候，不去破坏城墙的夯土，在发现不法分子盗掘文物的时候，主动去报案。

让我们一起守卫这座伟大的城池，让我们的子孙后代也能看到它雄伟的身姿，而不是在消失的遗址上追忆它的传奇故事。

拓展知识

金朝政府对开国战役的歌颂与纪念的举措，除了设立肇州之外，还在拉林河畔的完颜阿骨打誓师大会发生地——“得胜陀”处竖立了《大金得胜陀颂碑》，此地即今扶余市石碑崴子屯东。石碑安放于金世宗大定二十五年（1185 年），原有碑亭今已无存。碑身由青石雕凿，由碑额、碑身及碑座组成，通高 3.28 米。碑身双面刻字，为汉文与女真文合璧。碑额刻有四条盘龙，碑座为龟趺形象。碑文记录了金太祖在拉林河誓师时的神迹，歌颂祖先创业艰难。《大金得胜陀颂碑》是世上保存最完好、字数最多的女真文字碑。

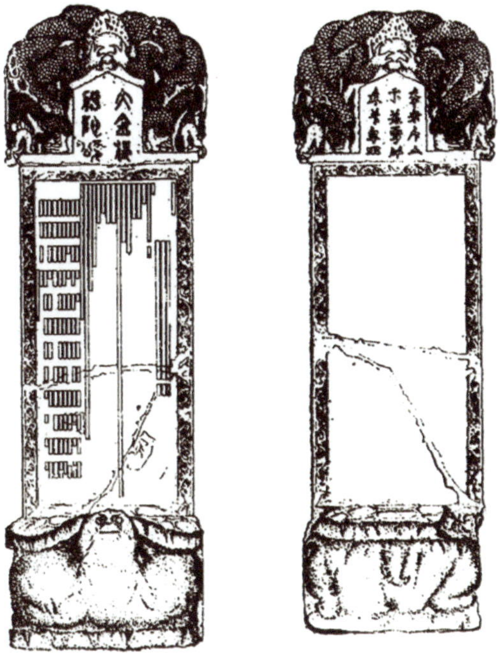

大金得胜陀颂碑

重臣故里

墓地历史沿革

吉林省舒兰市地处长白山余脉向松嫩平原过渡的地带。这里自然环境优越，地貌类型复杂，有着“远迎长白，近绕松花”的宏伟之势。在舒兰市小城镇东北约 12 千米的马路村境内，由东而西两道峰岭似两条卧龙蜿蜒而下，环抱成巨大山谷，大片墓群依山而建，隐藏于茂林深处。这片面积达 14 万平方米的墓群，就是完颜希尹家族的长栖之地。

峰峦叠嶂的完颜希尹家族墓地略呈南北较窄的狭长型，东西延绵 5000 米，据测占地面积为 136.36 平方米。共划分为五个墓区，依据墓葬分布情况可分作两个片区，即东部片区包括第一、二、三墓区，西部片区包括第四、五墓区。

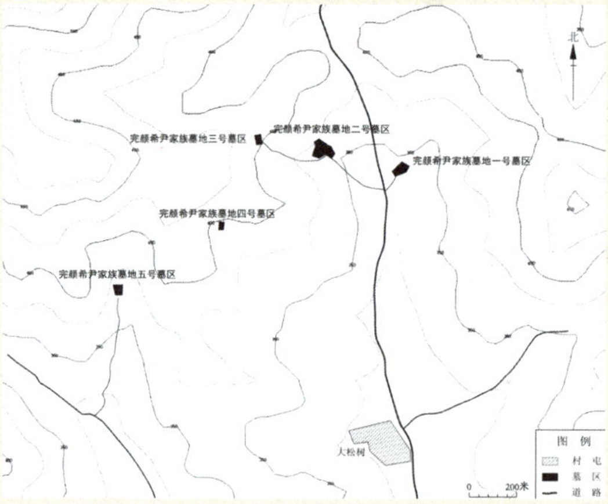

完颜希尹家族墓地
墓区分布图

每个单独墓区与整个家族墓区一样，皆按照堪舆术所谓的形胜原则选址，即选定前有照（河流、池塘或边路）后有靠（高山峻岭或岗阜陡崖）的地形。像第一、二、五墓区皆为背依岗梁，由岗梁向前倾斜平地的缓坡，前有溪流和山径，而第三、四墓区是后有高峰，两侧为陡峻山梁夹峙的沟谷，前有深涧或小溪。其方向虽不尽同，但大致是东南、南或西南。如第二墓区（希尹墓区）为东南，第五墓区为西南，第一、三、四墓区主则皆为南向。所有墓葬皆无封土，但神道碑碑亭遗址和石像生尚在，是迄今保存最为完好的金代女真贵族家族墓地遗存。神道碑亭遗址位于第二墓区，共发现七组石像生，第二墓区三组，其余墓区各一组。每组石像生数目、形制造型皆有差异，但其排列次序由前至后依次是望柱、石虎、石羊和石人。

1960 年，该墓地被公布为吉林省省级文物保护单位。1961 年，吉林省博物馆派工作队进行了正式田野调查，除对神道碑及其所在墓区（现今第二墓区）做了详细校勘、注录外，还在其附近发现了两个墓区（今第三、第五墓区），为日后发掘的科研奠定了基础。

从 1979 年开始，在原吉林省文物工作队（现吉林省文物考古研究所）的陈相伟和庞志国二人的带领下，考古工作队对这里进行了为期两年的全面复查和清理发掘。

二墓区仿制神道碑

1979 年二墓区二号墓发掘情景

2001 年 6 月 25 日，该墓地被国务院公布为第五批全国重点文物保护单位。考古人员发掘了 14 座墓葬，石碑亭 1 座，第五墓区未发现墓葬，其余的墓区均有发现，采集出土众多碑碣、陶瓷器皿和建筑构件等珍贵遗物。其中既有大型石室墓、砖石混筑石椁墓、砖室石椁木棺墓、砖室石椁石函木匣墓，也有大型石函木匣墓、小型石函木匣墓，以及各种类型的石函墓，数量多，类型齐全。从出土的一些文物，如墓志、墓碑，可以确定的是这里是以完颜希尹及其家族子弟为主的一个墓地，埋葬有完颜希尹的父亲、弟弟、儿子、孙子、孙媳、曾孙等众多家庭成员。

2018 年，舒兰市申请对 1979 年到 1980 年发掘的墓葬做保护性加固。吉林省文物考古研究所进行了考古配合工作。

完颜希尹的重要地位

完颜希尹本名谷神，亦名悟室。官至左丞相，从一品官阶，人是女真立国最初的谋臣，太宗时为元帅府右监军，熙宗即位后为尚书省左丞相兼侍中，加开府仪同三司，是掌握金朝军政大权的重要人物。天眷元年因高庆裔案被牵连罢为兴中府，天眷二年复为左丞相兼侍中，封陈王。完颜希尹死于天眷三年（1140年），赠仪同三司、邢国公。他是金代著名的左丞相，热衷于汉文化，他不仅是一个军事家，更是一个思想家，是金朝最早接触汉文化的高级官员，通晓汉文和契丹文。金国建国后，金太祖完颜阿骨打越来越感到创制女真文字的迫切性和重要性，于是命令完颜希尹创制女真文字，并建立金国的政治制度。完颜希尹结合了汉字的楷书与女真族自己的一些文化特点，创造了女真大字，使整个女真族有了自己统一的文字，对于民族融合和统一起到了一定的作用。当时金国在学堂里祭拜的人，一是拜孔子，二是拜完颜希尹。作为金代著名的历史人物，完颜希尹对金朝的产生和发展做出了不可磨灭的贡献。

有关他的墓地的记载，最早出现在清代康熙《盛京通志》中，称其“应在今乌喇界内，旧址无考”。书中虽未明确指出墓地旧址所在，但为寻觅完颜希尹墓地提供了大致的范围。清朝光绪二十年左右，时任吉林将军的长顺发现了完颜希尹“完颜希尹家族墓地文官佣道碑”，认识到此碑“可补史阙”之重要价值，遂“命锻人塌而立焉”，又由于长顺将完颜希尹“神道碑”的碑文载入他所主修的《吉林通志》，为人们提供了极其珍贵的研究资料，至此，这片宏伟的墓地才逐渐进入人们的视野。

二墓区长顺碑正面

二墓区二号墓

二墓区二号墓出土的瓷碗

二墓区二号墓出土的烛台

二墓区二号墓出土的白瓷梅瓶

哪个是完颜希尹墓？一号墓和二号墓的纷争

二墓区的二号墓最初被确定为完颜希尹之墓，它是一座石室墓，墓前有砖砌的斜坡墓道，墓室略呈长方形，南北长 2.45 米，东西宽 2.40 米。四壁用裁琢工细的石材砌筑，四壁高皆为 1.24 米，四壁上皆以石条仿做梁枋，上置渐次内收的顶石，墓门用硕大厚重的石板封堵。结构严整，规模宏大，犹如一间地下房屋。在这里出土了很多随葬的器物，有白瓷梅瓶、瓷碗、铜制的烛台，烛台上面还有残存的蜡烛。墓室内发现有五个石函，包括四个小石函和一个大石函，石函里面发现有用丝制品包裹的骨灰。众多出土器物中，一方长方形铁卷尤其引人注目。当时的发掘者猜测，这方铁券可能是金太宗在完颜希尹参与领导的灭北宋战争结束后“嘉其功赐誓券以宠异之”的那方铁券，于是推测二号墓就是完颜希尹的墓葬所在。

随着考古工作的发展和学术研究的不断推进，现在学者研究发现二墓区一号墓位于整个二墓区的最高位置上，处于最佳位置，属于山脊中轴线最高处，是一座砖椁盖石单室墓，屡遭盗掘，据史籍记载：该墓在民国时期尚可辨认，“墓尚可辨……周有土垣高三尺许……”墓前摆放一对石人，一文官，一武官，一对石羊，一对石虎。石椁四壁用页岩围砌，墓底部铺有两块青石板，顶部用盖长方形青石板，素面无纹饰，页岩外侧用砖做椁。砖与砖之间用黏土羼和细砂均匀涂抹，既细密又牢固。它的右下方是二墓区的二号墓，可见一号墓的级别和规制都比二号墓高，并且一号墓墓道正对的是神道碑碑亭遗址，可见神道碑应该是对应一号墓的。之前发现的神道碑与石像生正好与这座墓呈三点一线的方位，考古人员重新分析，一号墓才是真正的完颜希尹的墓。金代女真族的丧葬习俗是随葬品很少，不厚葬。一号墓因为被破坏，里面没有出土随葬品。二号墓因为规模比较大，保存得比较好，破坏相对很少，随葬品则较丰富，可能是金代晚期的墓葬形制。

二墓区二号墓出土的铁券

二墓区一号墓前（1979 年拍摄）

家族成员墓葬形制不同

完颜希尹家族墓地墓葬形制很复杂，虽是同一个家族的人，但墓葬形制不一样，比较大型的砖室、石室、石椁墓葬，中期可能就是砖椁、石椁、石函墓，晚期就是普通的石函墓，还有石室墓，受中原的汉文化和佛教文化影响比较深，结合自己民族的特色，形成了独特的葬俗方式。按照早晚关系分为不同的墓葬形制。特别是完颜希尹的墓葬结构虽然被破坏，但是可以看出是采用密封技术，这在中国北方几乎是没有的，应该是学习中国宋代南方的技术。

丝织品包裹骨灰这种金代石函葬，是女真族结合自己的民族特色，又深受佛教的影响而产生的一种独特的金代葬俗。用丝织品包裹骨灰放在木匣里，木匣又被放在石函里，这种石函葬在金代的中晚期比较流行。

完颜希尹家族墓地二墓区五号墓是一座土坑砖圹石槨石函墓，随葬品多被盗走，仅在匣底东端发现三件遗物，其一为金簪，保存完好，系纯金铸造，为金圆细棍曲折成双簪头，全长 8 厘米。另外还出土了非常好的一对白玉质地春水玉玉器，纹饰是一对天鹅，直径为 3 厘米。春水玉是金朝皇帝春天进行春捺钵的时候佩戴的玉器，当时很可能是贵族穿戴着陪着皇帝去狩猎，因为他的身份是能够随侍皇帝左右的。出土的墓志表明，墓主完颜守宁系完颜希尹第二子符宝郎漫带之子，完颜希尹之孙，生于天会十年，卒于正隆六年，曾任振威大将军、定远大将军、昭毅大将军，官阶正四品。

二墓区五号墓出土的金簪

二墓区五号墓出土的春水玉饰件

三墓区一号墓是一座砖石混砌椁室墓，墓室平面呈长方形，东西长 2.25 米，南北 2.8 米，残高 1.3 米。墓前保留有成组石像生，另在石像生与墓前衔接处发掘出已残缺不全的石龟趺。该墓早经盗掘。出土了“太尉濮国公”墓碑，共刻有三行字，右边刻“太尉……”，中间刻“……濮国公之……”，左边刻“……公讳守道……”，石刻为楷书，年月不详。根据墓志确定此墓主为完颜希尹长孙完颜守道，生于金天辅四年（1120 年），卒于明昌四年（1193 年），官至一品，女真名习尼列，汉名不详，《金史》有记载。皇统九年（1149 年），同知卢龙军节度使事，历献、祁、滨、蓟四州刺史。进拜太尉、尚书令，改授尚书左丞相，最高官阶从一品。在石椁内发现两个石望柱，横置于石椁南、北壁附近。应是后期利用守道墓又修建了墓葬，使用墓前的石望柱做石材。

在墓地中，还有一项关于墓碑的重大发现，经考古发掘共发现 13 块墓碑，分别是阿里郎君、吵看郎君、广威将军翰林脩撰墓、金紫光禄、男金省奴郎君之墓、南撒马通进之墓、金源县君乌古论氏墓、萧国太夫人墓、招勇大将军同雄州节度使之墓、……仪同三司……颜公之墓、……招讨奉斜、……司代国公、……太尉濮国公。撰写志文、碑文者多为死者亲属。墓主姓名多用官职、女真名。尤其是女真和汉字合璧的“昭勇大将军同知雄州节度使墓志”，带有女真文字的墓碑在金墓中发现尚属首次，具有较高的学术价值。它

南撒马通进墓碑

四墓区昭勇大将军墓碑
（女真文汉文对照）

的墓主人是完颜希尹之孙昭勇大将军，其生于太宗天会十二年（1134年），卒于大定二十六年（1186年），正四品，女真名、汉名不详，史书无记载。

出土遗物填补金史记载空白

《吉林通志》中记载的那块完颜希尹神道碑在“文化大革命”时期被破坏，现只留下残段。考古人员只能根据史书记载来了解完整的神道碑碑文，清朝光绪年间发现时，神道碑由碑额、碑身和龟趺三个部分组成。碑之正、背两面皆镌刻汉字碑文。其碑身立体透雕，四龙缠绕，跃于碑额之上，中部还刻有“大金故尚书左丞相金源郡贞宪王完颜公神道碑”二十个大字，由当时的翰林直学士王彦潜奉敕所撰，金代著名书法家任询书丹、左光庆撰额。全碑共2447字，详细地记载了完颜希尹的生平，是研究完颜希尹及其家族乃至辽金史实的重要史料。碑文中详细记叙完颜希尹的族系家世、一生功绩、蒙冤被害以及大量金初与辽、宋金之间战事的历史。碑文中记述了完颜希尹作为女真文字的创始人，在金代以少胜多的三次著名战役，即燕若水之战、出河店之战和宁江州战役。碑文不仅可以印证《金史》中的史实，还可以补充《金史》的不足，也可纠正《金史》中的错误之处。墓地现在所立的二墓区的神道碑和石像生是舒兰市政协1998年重新复制建造的。

完颜希尹家族墓地地表发现了很多石像生，五个墓区分别排列有不同数量、不同组合的七组花岗岩石像生，一、三、四、五墓区各一组，二墓区三组。石像生由南至北依次为望柱、石虎、石羊、石人，两两相对。残存35个。

石像生，始于秦汉，兴于唐宋，盛于明清，是中原汉人高等级陵墓前主要供祭仪物之一，主要为石雕人物、动物成对立于神道两侧，按照一定的次序排列。历史的冲击早已让石像生残破不堪，但风雨飘摇中，它们依旧如同卫士守护着这一方陵墓。石像生是根据北宋的葬仪衍生出的一种随葬的葬仪，一般来讲是石羊、石虎、石望柱各一对，三品以上

仿制神道碑正面

四墓区石人（文官）

五墓区石像生全景

大臣再加上石人，完颜希尹家族墓地的石像生是金代的女真贵族根据他自己的民族特色，结合北宋的葬仪，形成的自己独特的石像生的方式。

石人分为文官、武官。文臣在东，武臣在西。文臣皆身穿汉服，头戴冠，身着方领宽袖长袍，衣领高耸掩颈，腰系带，鞘由左向右垂下，足蹬靴，微露靴尖。双手持笏板于胸前，恭谨肃立，神情庄重。其中四墓区一个石人身高仅 1.47 米，面部无须显得清秀，小巧玲珑，博衣广袖，手执笏板，面部表情十分端重。三、四墓区的石人雕刻比例适中，既重形似，又重神韵，可谓形神兼备，表现出高超的雕刻技艺。

武将置于神道左侧（除了五墓区），体现金代唯左为尊，崇骑尚武之习俗。武将大多面庞阔平，眉、颧突出，眼睛上挑，通天鼻，宽下巴，颇似女真人形象。五墓区石人体高虽近乎真人，但给人以粗拙不适之感。五墓区石人雕刻表现出只求形似，并未细雕，形体粗壮、矮胖，高矮不等，神情呆凝，制作粗放，不甚规范。三墓区雕刻较为精细，基本上类同真人。二、五墓区石人则

一墓区石人（武将）正射影像图，现藏于吉林省博物院

五墓区石虎正面

三墓区石羊

五墓区石望柱

多为 1.75~1.78 米高，三、四墓区石人为 1.50~1.60 米高；而一墓区石人却高于真人，最矮者为 1.90 米，最高的一个石人身高 2.12 米。

石虎皆为蹲踞状，前肢伸直，撑立突出的前胸，后肢屈曲，蹲踞于石座上。昂首瞪目，口露獠牙，耳贴于头顶或额际。尾盘曲于左臀部。神态凶猛，令人望而生畏。其中三墓区虎嘴闭合，造型温顺。一、四、五墓区虎嘴张开，露出利齿和獠牙，造型凶猛。

石羊皆做跪卧状，昂首平视，前肢回屈向后，后肢屈曲向前，安详地跪卧于长方形石座上。长角大耳，尾曳于臀。其形态皆系绵羊，呈现温顺、乖巧之态。石羊身长 0.89~1.12 米。

石望柱由座、身、顶三部分构成。柱座皆呈方形，多为平面，亦有中央隆起或正中凿有圆孔，用以安插柱榫。皆上细下粗，由下而上逐渐内收为扁桃状，致使柱身和顶连作一体。通体素面无纹饰。柱身分为六棱形和八棱形，通高 1.84~1.98 米。

这个墓地的石像生为金朝墓葬制度的缩影，所以在金代考古中发现很多这样的石像生，这是受唐宋文化影响，不同的品官墓前摆放的石像生代表不同等级，完颜希尹家族墓地的石像生是金代墓地当中发现石像生最多的墓葬，也说明了这个家族势力显赫。

身归故里

完颜希尹家族墓地是目前保存最完整的金代女真贵族墓地，是我国东北地区现有为数不多的金代历史文化遗存之一，在所有金代墓葬文物保护墓地当中，地面上的石刻保留得最多，他的家族墓地在东北乃至全国都是研究女真文化非常重要的资料。墓地出土有女真文字和汉文一起的墓碑，墓葬类型复杂，墓主多聚族而葬，石函墓、火葬的葬俗反映出佛教文化对完颜希尹家族墓地的影响，对探讨金代女真贵族墓葬的习俗，金代女真墓葬的形制，石刻技术、女真文化、女真文字和汉字的变化有着重要作用。墓地出土的铁器、铜器、瓷器、丝织品等也充分反映了金代的特点和生产技术水平，以及金代贵族墓葬在东北近代贵族墓葬和南宋的关系，这些都是难得的珍贵资料。

二墓区碑亭出土的佛像

二墓区碑亭出土的瓦当

以上因素比较全面地反映了金代丧葬礼制，以及地域文化和各民族文化的相互影响及发展融合关系。完颜希尹家族墓地墓葬形制反映的葬俗文化既可以补充文献记载之不足，也可以与文献记载互相印证，对于更好地了解当时的社会生活具有重要意义。

公元 1140 年，完颜希尹的一句酒后戏言被冠以“奸状已萌，心在无君”的罪名，酿成家族百余人被大金朝廷蒙冤处死的悲剧。3 年后，金熙宗改定完颜希尹案为“死非其罪”，为其昭雪，将完颜家族重新厚葬于这块完颜希尹出生和居住的叫作冷山的土地。

冷山是《金史》和宋代《松漠纪闻》中时常出现的高频地名，据史料记载，完颜希尹追随金太祖完颜阿骨打之前，一直居住在冷山。许多历史学家根据完颜希尹墓地在舒兰境内而断定，《金史》中的冷山即现在的舒兰市。成书于1934年的《吉林新志》记载："在（舒兰）三区小城镇北约二百步，有古城，周三里，中有石虎高三尺，或谓即金陈王乌舍聚落所在。"文中所谓古城即纳里浑庄，在舒兰市小城镇王家磨房一带。这里的灯火，曾经照亮了大金国的强盛之梦和走向文明的征程。

完颜希尹家族墓地航拍全景

辽金圣殿

白城，蒙语音译为“查干浩特”，即白色的城市。白城坐拥松辽科尔沁，臂揽嫩江洮儿河，襟带大小兴安岭，怀抱向海莫莫格，造化出钟灵秀丽的白城雄踞八百里瀚海，被誉为仙鹤迷恋的神奇土地。

可人们或许不曾知道，除了眼前的生态美景，这片土地上还曾上演过波澜壮阔的辽金旧事，深埋于土层之下，诉说着不朽的过往。

辽金是公元 6 世纪至公元 13 世纪，契丹族人与女真族人先后建立的辽国和金国，在这两个朝代历经的 700 多年间，它们与中原的宋朝形成南北对峙局面，是白城历史上空前发展的时期，社会生产力水平也与中原相近。作为辽金时期重要活动地带和统治地区的白城区域，已然成为现代辽金考古研究的关键部分。

“七星堆”的发现

1981 年，在第二次全国文物普查中，人们在今白城市洮北区平安镇永平村东南约 300 米处发现了一处地势开阔，略有起伏，最高处突出于地表 3~4 米的古代遗址，遗址东部有一处旧河床，为洮儿河支流。这次发现收录在 1985 年成书的《白城市文物志》中，记载为吉林省白城地区一处重要的古代大型建筑址，面积达 13600 平方米，发现有 9 个基址组合的宝塔形建筑群，被当地老百姓称为庙址，普查的时候把这个遗址定为马家窝棚庙址。地表遗物丰富，据当地老人讲，在 20 世纪 60 年代，一号基址上曾犁出过彩色泥像脚和础石，有人还拾到过小铜佛和葵花三彩盘，当地人把这个叫七星堆，原因是七个土包分布得非常有规律，看着像一个院落。

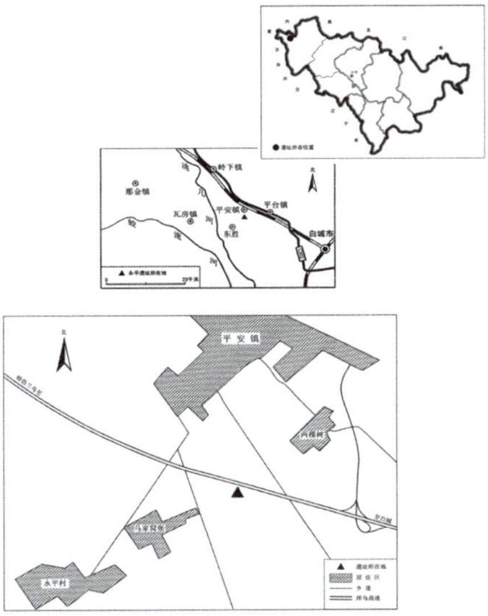

永平遗址位置示意图

考古发掘揭开七星堆神秘面纱

2009 年 4 月，珲（春）—乌（兰浩特）高速公路白（城）—石（头井子）段施工线路准备施工，永平遗址处于规划线路上，为配合公路修建，吉林省文物考古研究所决定对这里进行抢救性发掘。经过吉林省文物考古研究所和白城市文物管理所现场勘察后，将其命名为永平遗址，并进行抢救性考古发掘。考古队过去的时候，遗址周围已经开始有修建高速公路的大型机械在作业了，遗址所处的区域种植了玉米、花生等农作物，在地表上发现了很多青砖、板瓦、筒瓦。随着发掘工作的层层深入，考古队员们根据地层层位关系判断，这是一处存在早、中、晚三期遗存的遗址区域。

早期遗存以大型台基式建筑为主，共 7 座此类遗迹，中期遗存以普通居民建筑为主，共清理出 11 座带有火炕的房子；晚期遗存以近代墓为主。其中，早期大型台基式建筑群是考古专家研究的重中之重。值得一提的是，这次发掘工作的研究结果入选了“2009 年度中国重要考古发现”。

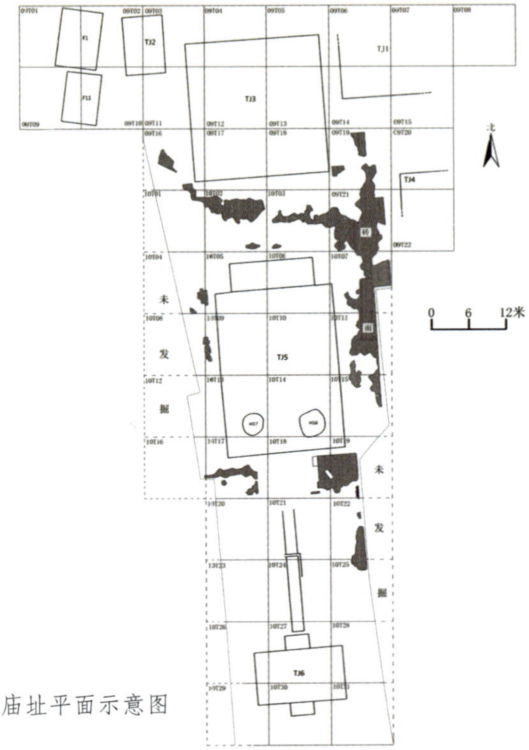

寺庙址平面示意图

龙凤呈祥——精美的建筑构件

永平遗址出土的遗物种类十分丰富，分为日常生活遗物和建筑构件遗物。日常生活遗物包括陶器、瓷器、铁器、铜器、玉石器和骨器。其中以建筑构件、建筑饰件和铁器为主要出土物。

在遗址出土的1500余件器物中，鸱吻、兽头和凤鸟这些建筑饰件是极具民族特色和魅力的。如果按朝代来区分，魏晋的朴实古拙，大唐的雄壮威严，宋代的纤美玲秀，明清的端庄瑰丽。辽金时代与宋代同期，自然在风格方面借鉴了宋代建筑许多。总的来说，脊饰风格的变迁在整个古代历史中，忠实、无声地演绎着一部中国古代建筑的发展史。它彰显着权力与地位，传承着民族文化，寄托着人们祈寓吉祥的愿望。

脊兽是中国古代汉族建筑屋顶的屋脊上所安放的兽件。它们按类别分为跑兽、垂兽、“仙人”及鸱吻。在永平遗址出土的脊兽，又以兽型

三号台基出土的兽头

二号台基出土的鸱吻

和凤鸟型两种为主，其中兽型脊兽的兽头和凤鸟型脊兽的头部形态尤为突出。脊兽最初的功能是为了保护木栓和铁钉，防止漏水和生锈，对脊的连接部起固定和支撑作用。后来脊兽发展出了装饰功能，并有了严格的等级意义，根据建筑规模和等级不同而数目有所不同，多为一、三、五、七、九等单数。

脊兽鸱吻是古代房屋屋脊两端陶制的装饰物，其形制是一种中国古代神话传说中的神兽，为龙之第九子。其口阔噪粗，平生好吞，形状像四脚蛇剪去了尾巴，这位龙子好在险要处东张西望，也喜欢吞火。据《太平御览》记载："唐会要目，汉相梁殿灾后，越巫言，'海中有鱼虬，尾似鸱，激浪即降雨'，遂作其像于尾，以厌火祥。"北宋吴楚原亦在《青箱杂记》中记载："海为鱼，虬尾似鸱，用以喷浪则降雨。"鸱吻，又称"龙吻"，在房脊上安两个相对的鸱吻，象征祈求降雨和避除火灾之意。

永平遗址出土的鸱吻跟宋代中原地区的鸱吻是比较相似的，表面均有着大面积的鱼鳞纹，表示龙的身体有卷曲的尾部，还有龙纹和凤纹的贴塑，比较形象地反映出交缠在一起的龙和凤飞翔状的样子。出土的兽头有的是套兽，有的是垂兽，有的是脊兽。考古工作者是按有无下颌这个特点来进行区分的，有下颌的又分为有舌头和没有舌头的。有舌头的

三号台基出土的右转头凤鸟

三号台基出土的右转头凤鸟

三号台基出土的正视凤鸟

三号台基出土的左转头凤鸟

根据舌头的形制又进行了区分，按照舌头是平舌还是卷舌进行分类。

在永平辽金遗址发掘的遗物中，如果说兽头的外貌比较有特点，那么凤鸟的造型就更加丰富美观。凤鸟是中国传说中的神鸟，起源于中华原始宗教的自然崇拜，代表至高无上的尊贵。凤在人们意识中有各种形态，《尔雅·释鸟》中郭璞对凤的描述是：“凤，瑞应鸟，鸡头、蛇颈、燕颔、鱼背，五彩色，其高六尺许。”凤其实是由自然界中各种不同动物融合而成的神物。凤与龙一样，经历了几千年历史文化的洗礼延续至今，成为中华民族最具生命力的文化标志和精神象征。

永平遗址的凤鸟是按照它的头部转向来进行划分的。按头部转向分为正视的凤鸟、头部向左的左视凤鸟、头部向右的右视凤鸟，根据它头部的不同转向和凤鸟的琴冠刻画的线数，凤尾的刻画线又做了具体的细分，有的是琴冠刻画一条线；有的是刻画两条线；有的是刻画三条线，凤鸟的尾部有七条线、八条线、九条线、十一条线不等，来进行一个细部的区分。

发现佛像的蛛丝马迹

除像脊兽这样的建筑饰件外，考古学家还在遗址中发现了佛像髻发、宝冠贴塑和涂金粉的佛像饰件等遗物，这些都与寺庙有着紧密的联系。人们不禁开始猜测，这处遗址是不是和宗庙有关，或本身就是一处寺庙遗址呢？

遗址出土了佛像的髻发，当时发掘时，发现它的民工说：“老师，我发现了一个海螺”，因为它出土时的形象跟海螺的形状很像。在后期残块的资料整理时，工作人员查阅了资料，发现它应是佛像的一个残块，也正因为有这个残缺，才把永平遗址的性质弄清楚。同时还发现有一些壁画残块，颜色有白色、红色、绿色。

佛像髻发

三号台基出土的彩绘壁画

尘埃落定——古寺的年代和性质认定

对遗址年代的判定，主要依据是遗物的类型对比，结合台基建筑群的布局和村落遗址中房址的特点，可以推测永平遗址的台基建筑群的始建年代可以追溯至辽代中晚期，在金代曾经局部修葺过，村落建筑群的建筑年代和使用年代均为金代晚期。我们根据这些，再结合它与山西大同善化寺相近的布局，确认永平遗址的早期台基建筑群是一处寺庙址。

永平遗址是一处辽金时期的寺庙址，这样的推测结论是经历了一个比较漫长的探索之后得出的。回顾历史，辽和金两个王朝，其文化发展脉络有着许多异曲同工之处：共同或接近的自然环境、生产力发展水平、文明程度、社会发展规律的作用以及接受汉文化影响等因素，是契丹与女真、辽与金文化存在共同之处的原因。永平遗址的考古发掘成果丰富了白城地区辽金文化的历史内涵，对我们了解契丹人和女真人宗教习俗、宗教信仰具有很高的科研价值，对于吉林省特别是东三省，研究辽金时期宗教文化，以及辽金时期寺庙的建筑结构，有非常大的价值。

正因如此，长达 700 多年的辽金文化史一直备受国内外学者的关注。清末民初，欧美和日本学者就曾以学术考察和探险的名义，对辽金都城和帝王陵进行勘查测绘。后来，人们开始踏查、记录这些古迹，查阅相关图书资料，进行自发性研究。

追寻着考古学先驱的步伐，吉林省文物考古研究所的专家们从未停止过对永平遗址的研究。由于整个遗址所在地已经开辟成了耕地，台基受到了严重破坏，这为复原遗址原貌增加了难度。经过专家的反复推敲和研究，一处有着较高规格的辽金圣殿概貌，终于完整地呈现在我们的眼前。十多年前，航拍等科技手段还没有运用上，遗址面积相对比较大，因而采用了热气球拍摄遗址全景，工作人员在 80 米高空的热气球上拍摄了遗址的全景。在绘制遗址平面图的时候，采用网格法一个遗迹一个遗迹地拼接，最终拼出了遗址的全貌。

永平台基建筑群的布局与大同善化寺的平面布局相似，都是以佛殿为主体，左右设置双阁的建筑布局形式。沿中轴线布置山门、佛殿，两阁夹一殿，这是典型的传统寺庙布局。按照古代的等级制度，宫殿的高度应该与其功能、等级相关。永平台基建筑群的布局与山西大同善化寺的平面布局相似，六号台基从位置和建筑布局上看，接近佛寺中的“山门”位置。五号台基规模最大，位于中轴线的中间位置，作用类似“三圣殿”，其南侧与六号台基有甬路相连接，北侧有月台通向三号台基。三号台基规模次于五号台基，作用类似“大雄宝殿”。其东西两侧分布有 2 座规

2010年热气球拍摄遗址全景

模较小的一号台基和四号台基，推测为东西双阁。三、五号台基的位置、地位最重要。但根据其残存的迹象可以看出6座台基中， 五号台基所处的位置为整个寺庙的中心点，几座建筑均属单体建筑，未发现廊庑类建筑。位于二号台基西侧的一号房址和十一号房址是两座具有室内取暖设施的小型房址，规模较小，出土物多为建筑构件和日常生活用具，应为僧房类的附属设施。

值得一提的是，本次发掘地面踏查时，受公路线位建设影响未能进行全面的勘探和揭露，发现的7座凸出于地表的土包，仅发掘了7座基址中的6座。而《白城市文物志》记载的9座基址由于当时没有留下位置示意图，不能确定这9座建筑基址是否均为寺庙的组成部分，在发掘中亦未发现围墙、塔基和回廊等遗迹。

2010年发掘全景

2009年发掘全景（北一南）

房址出土的甲片

古寺兴衰

据文献记载，金代统治者在入主中原以前，佛教已经传入，在他们用武力征服辽、宋以后，便确定了“以儒治国，以佛治心”的统治策略，由皇室出资兴建佛寺，禁止民间建寺。永平辽金遗址南部通金泰州（今城四家子古城），北达泰州（今泰来塔子城古城），濒临洮儿河，水运便利，土地肥沃，因此永平寺庙遗址的规格较高，在辽代时可能是一处佛教圣地，到了金代仍然继续沿用。

然而，就是这样一处佛教圣地，在几百年间，见证着朝代的更迭，却逃不开命运的兴衰。在永平遗址的遗物中，除铜钱外，考古专家没有发现其他与寺庙有关纪年的考古证据。在大型台基的倒塌堆积上，也没发现重修的迹象。

但考古队在倒塌堆积里面发现了大片的铁甲片，数量有 30 多片，还发现有铁镞，部分建筑构件上有火烧的迹象，在遗址里面出土了兵器，意味着建筑不是一个自然毁坏的过程。考古专家认为，白城永平辽金遗址始建于辽代末期，属临潢府路管辖。辽代契丹人十分笃信佛教，他们在北方建立有许多寺、观、塔、院，白城地域虽小，但也发现有多达 13 处的寺庙。《辽史·道宗纪》记载，清宁八年（1062 年）三月，有司奏春、泰、宁江州三千人原为僧宁受具戒许之。《金史·志第五·地理上》记载，海陵王正隆三年（1158 年），“命吏部郎中薛彦良尽毁宫殿、寺庙、诸大族邸第及储庆寺，夷其址，耕垦之”。自此，上京地区皇家宫殿建筑遭到全面破坏。到了金代世宗时期，为了保持女真文化传统，又曾致力于恢复“金源内地”，重新修建了上京附近的主要宫殿等建筑。然而，即使当时的永平台基建筑遗址在局部区域有过小面积维护，却也无法避免它们自此开始荒废。在遗址地层堆积和台基建筑址的倒塌堆积中，通过发现的红烧土和经火焚后被烧变形的砖瓦残件，以及出土大量的铁镞、铁甲片，专家从侧面推测，白城永平辽金遗址台基建筑群曾被人为火烧进行毁坏。

2009 年发掘的永平遗址的台基建筑址是当时吉林省第一次经考古发掘的面积最大的辽金时期寺庙址。台基建筑呈现出一定的规划理念，主体建筑所使用的鸱吻、兽头、凤鸟、兽面瓦当等装饰类构件造型优美，构思巧妙，特色鲜明，根据台基规模和功用不同，每座台基使用的砖瓦构件和装饰类鸱吻形制有所区别，不但显示出较高的艺术性，也烘托其较高的建筑等级，是东北地区辽代遗存的首次集中出土，在很大程度上为研究辽代高等级建筑补充了一批全新的资料。六号台基出土的鸱吻虽然与下半部未找到连接点，但根据其残缺情况，结合《营造法式》中对于房屋开间的鸱吻高度推测，其高度不低于 150 厘米，是东北地区迄今经考古发掘发现的保存最好、形制最大的陶制鸱吻。遗址中的建筑风格受汉化影响较多，出土的遗物不但有鸡腿坛、手纹砖、沟纹砖、蓖点纹陶器等具有辽代契丹民族特色的遗物，还出土了大量呈现出金代女真人风格的遗物。应该是在金代维修沿用所致，台基建筑未做大的改变，而是在原有基础上进行局部修缮。

天下大势自有规律，任何事物都难免兴亡盛衰。曾经气势恢宏的辽金寺庙已在历史的变革中坍塌废弃，让辽金时代乃至整个古代文明的过往成为黄土掩埋的秘密。一支平均年龄 30 岁的年轻人组成永平考古工作队，克服当地干旱少雨、大风狂沙的恶劣天气，手持探铲和手铲，一遍遍翻开黄土大地，历时两年，两次发掘，找寻着历史的真相。在这片土地上，人类的繁衍生息从未停止，灿烂的文化在延续，讲诉着祖国北疆的边陲风韵。

三号台基出土的龙纹建筑构件

三号台基出土的建筑构件

女真要塞

前进古城遗址位于吉林省蛟河市前进乡三河村东南约 5600 米处，坐落于长白山脉中段张广才岭的土门岭之上。前进古城东扼敦化盆地，西控蛟河盆地，西北接霍伦河谷地，地势险峻，战略位置非常重要。城址中心坐标为北纬 43°　52′　8″，东经 127°　48′　51″，海拔 791 米。

1982 年，第二次全国文物普查中发现前进古城，调查者确认其由东部守备城与西部防御墙两部分组成，并发现清代驿路打破了防御墙。调查中采集到铁镞、铁甲片各 1 件，现保存于蛟河市文物管理所。由于当时的技术装备条件不足，城址资料的测绘与记录较为简略。2009—2013 年，经过申报、遴选与终审流程，国务院将前进古城列为第七批全国重点文物保护单位。2015 年 8—11 月，吉林省文物考古研究所联合蛟河市文物管理所对古城进行了调查。

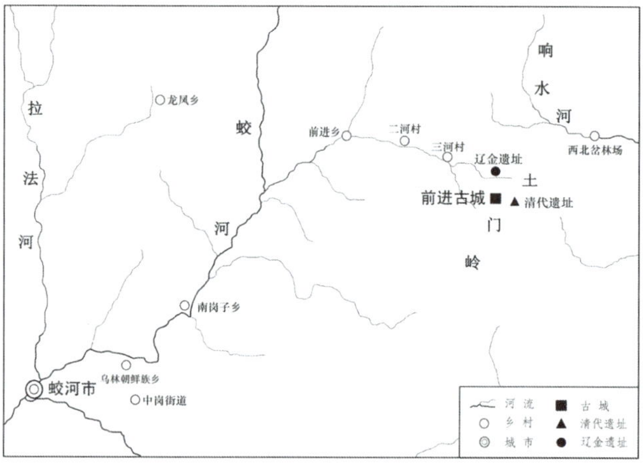

前进古城位置示意图

前期准备工作

2015 年 8 月，考古队的十几位队员进驻到前进乡三河村。前进古城位于深山密林之中，平日里村民极少进入古城遗址，只有秋季采蘑菇时才偶尔进入。当地村民讲述，山上的树木高大、浓密，参天的树木可高达十几米。阳光被高大的树木遮挡，阳光稀少处苔藓、藤蔓植物密布。不具备野外生存经验的人贸然进山，视野范围被限制在 10 米之内，很容易摔倒受伤、迷失方向，进山有很大的风险。即使考古队员已经配备传统的指南针和高科技的卫星导航，也事先在村子里找到两位村民作为向导。

虽然绝大部分田野考古工作是在农村开展，但主要是在平坦的农田中进行。很多考古队员是第一次面对深山密林的自然条件，这与之前的工作方法有很大不同。例如，考古工作最常用的测绘仪器是全站仪，这是一种电子经纬仪、光电测距仪及微处理器相结合的光电仪器。全站仪最大的优势就是测距精准（水平和高程），在 3000 米的范围内，误差仅有 5 毫米。但使用全站仪有一个重要前提，就是测量路径上不能有障碍物阻挡机器发射的激光。很显然，全站仪并不完全适用于树木茂密的前进古城遗址，反而是一种被称为 RTK（Real-time kinematic）的仪器更为适用。RTK 是实时处理两个测量站载波相位观测量的差分方法，将基准站采集的载波相位发给用户接收机，进而求差解算坐标。换句话说，RTK 利用卫星定位进行测量，受地形、植被等外在因素影响较小，使用更为便捷。但一般情况下，RTK 的测量误差要较全站仪大，它的水平误差为 1~3 厘米，高程误差为 2~6 厘米。如果因外部受到严重遮挡而卫星信号不佳，测量误差则会大大增加。

正所谓“工欲善其事，必先利其器”，考古队为全面系统地调查前进古城，准确翔实地记录城址的相关信息，配备了全站仪与 RTK 两种测绘工具，二者配合使用。即在距离较小或视野开阔地区采用全站仪进行测绘，在受树木遮挡严重的区域采用 RTK 进行测绘。全站仪与 RTK

搭建的临时雨棚

作为测绘工作的利器，二者重量超过 10 千克，每天负重登山的辛苦程度可想而知。

另外，蛟河市属于温带季风气候，年均降水量超过 700 毫米，降水尤其集中于夏季时节。在野外进行考古发掘，哪怕是淅淅沥沥的小雨，也会耽误正常的工作进度。进入秋季后山区气温偏低，树木与灌木上易凝结露水。出于防雨、防水的需要，考古队员装备了常见的雨衣、雨鞋等工具，并预备在山上植被稀疏的地方（高大树木存在雷击的危险）建设简易的雨棚。

根据向导的介绍，往返一次古城遗址需要大约 90 分钟。从村子乘车至山脚下需要 10~15 分钟，登山需要 30~40 分钟，下山需要 25~30 分钟。进入秋季后（以秋分节气为转折点），北半球的白昼时间逐渐缩短，太阳光照的强度减弱，这种转变在高纬度地区尤其明显。加之前进古城有浓密树木的遮挡，下午 4 点左右光线就会变得微弱、模糊，而考古发掘工作又对光线条件有较高的需求。第一，发掘人员需凭借合适的光线辨识堆积、遗迹、遗物，尤其是在判断堆积与遗迹形制时，暗淡的光线条件可能导致错误的判断。第二，发掘现场一旦出现重要迹象便需要立即拍照留存记录，结束一天的工作之前也需要对发掘现场进行拍照。

如果结束工作时间设置得太晚，拍出照片的效果就会暗淡、模糊，难以当作备选的插图。因此，综合权衡各种外在因素，考古队员做出如下决定。首先，为避免浪费宝贵的体力和时间，所有考古队员与配合发掘工人的午餐、午休均在山上解决。午餐各自携带，山间近处有几处山泉，天然的泉水可作为饮用水。午休可到雨棚或树荫下短暂休息。其次，下午工作时间为 4 小时，尽量在 4 点之前结束工作。

与以往的工作不同，在山上开展考古工作存在一定的风险，考古队员也事先进行过相关的培训。人身安全方面，统一购买意外保险，并要求所有考古队员与配合发掘工人统一上山、下山，以防受伤后无法通信而落单（山中手机信号极差，无法正常使用手机联络他人）。防火安全方面，由于山上有大量枯树和落叶，要求所有人员不得在山上使用明火。尤其是在深秋季节，山中更加干燥，一旦引发火灾后果将不堪设想。前进古城位于长白山脉的余脉，山上树木种类繁多，有常见的红松、白桦、云杉、椴树、水曲柳等，也有国家一级保护树木黄柏等名贵树种。除了必要时砍伐小型灌木，考古队严格要求所有人员保护山上的一草一木，严禁破坏山上的乔木植被。

艰苦的调查工作

进驻三河村几天后，所有前期准备工作都已结束，考古队员正式开始工作！他们在当地向导的带领下向着前进古城进发。颠簸而曲折的山路，窗外美丽的风景延绵不断，清新的空气中不时传来婉转悠扬的鸟鸣。这一切都与喧嚣热闹的城市迥异，让考古队员们心旷神怡。在神秘的大自然面前，考古队员们更像充满好奇心的孩童，任何一点儿新鲜事物都能引发一串尖叫声……

到达山脚下的空地后，考古队员们自车中鱼贯而出，开始清点、分配工作装备。每位考古队员都有一份制式工具，队伍中的男队员主动背负略为沉重的全站仪和 RTK。两位向导走在队伍的最前面，用刀斧清理山间小路上低矮的灌木和藤蔓植物。其他人员紧紧跟随在后面，一条十几米长的队伍时而弯曲，时而停顿等待。只走了五分钟，四周便是参天树木、阳光稀疏的景象，层叠的枯叶踩踏出海绵的感觉。枯树上长着叫不出名字的蘑菇，阴暗潮湿处生长着大片的苔藓……在一片呼哧呼哧的喘声中，全站仪与 RTK 换了三个人轮流背负。终于，向导指着不远处的凸起物，告诉我们前面就是前进古城的城墙！大家慢慢走向目的地，赶紧放下工具暂时休息。

前进古城坐落在深山之中，这无疑是它能够免遭后期人为破坏的不二原因。古人与今人一样，大多会选择地势、土壤、交通与水源俱佳之处建立村落或城市，从而方便生活、生产。这也使大部分聚落址会被反复利用，最直接的后果就是晚期聚落址破坏之前的聚落址，形成叠压型聚落。加之近现代以来的人口增加及现代化进程，古代村落、城址被人为湮灭不在少数。城墙等设施早就夷为平地，甚至连残砖断瓦也难得一见，更遑论保留下来如此明显的城墙。

休息后，大家开始地表踏查工作。简单来说，就是沿着地表明显的残留先走一遍，掌握城址的总体情况，重点关注城墙、城门、布局规划、地表遗物等。前进古城作为山城遗址保存较好，完整度远超平地城址。考古队员与工人紧密配合，一边开路一边踏查。单就城墙设施来说，前进古城的城墙虽有局部的坍圮，但多数仍高出地表 1—2 米，墙顶也有 1 米多宽，对于调查者来说很容易寻找。两组人马分头调查，仅用半小时就走完一圈，大家在北城墙中部位置会合。平面上看，前进古城并非长方形或正方形的形制，而是呈现不规则形。初步判定古城东墙、西墙、北墙各有 2 座马面，南墙中部有 1 处瓮城，南、北墙各有豁口，疑似古人进出的城门。

随后考古队员立即进行城内的调查，了解城内的规划布局。虽有乔木、灌木的遮挡，但城内区域有成片的凸起，长方形的墙体仍非常明显，这极有可能是古人的房屋。房屋或呈现整齐划一的行列，或是稀疏散落，

考古队员在山中进行午餐、午休

并无明显的规律。在疑似古人房屋的区域，考古队员捡到零星的陶片。陶片为灰褐色的泥质陶，有火柴盒大小。器形不明，从陶质、陶色看可能属于辽金时期。

调查完城内遗存，已经近午时，大家开始了简单的午餐、午休。没有桌椅板凳，大家就蹲在地上吃饭。午餐是出发前做好的，装在饭盒内带上山。没有带饮用水的人，就到附近的山泉处打水。中午时分的气温接近 30℃，但泉水格外清凉甘甜，为大家带来丝丝凉爽。没有舒服的床铺躺卧，大家就倚靠在大树下，或是搭建简易的吊床……

下午，考古队员们又开始扩大调查范围，在古城西侧发现两道弯曲的墙体。两道墙体并行，呈南北走向，两墙间距约 2 米，距离城址约 10 米。这种城址外再修建墙体的方式，常见于俄罗斯境内的金—东夏国山城，在中国较为少见。这类墙可称为防御墙，仍然是发挥御敌的作用，它们与古城城墙结合，有双保险的功效。防御墙中部较直，弧形两端接断崖，整体近“S”形，长约 1200 米。城墙虽是土石堆筑，但这样浩大的工程量依旧让人叹为观止！

调查完防御墙，已是下午 4 时。忙碌了一天，大家收拾工具返回驻地。回到驻地后，考古队员们召开了一次内部讨论会，主要是汇总当天的调查收获，制订下一步的工作计划。队员们初步判定前进古城可能属于女真修建的山城，城内有一定规模的常住人口。而且大家推测古城周围可能存在同时期的聚落址，应该继续扩大调查范围。

翌日开始，考古队员们以前进古城为中心扩大调查范围，覆盖南北1500米，东西2500米，总面积约4平方千米。调查中发现两条道路，一为古城南170—200米处的清代驿道（当地人称“老官道”），大体为东西走向，今地表仍清晰可见，路北有数处清代遗存。另一道路较短，自古城东北部穿城而入，出城后再穿防御墙及瓮城，折向西南方后与清代驿道相连。古城周边近处发现水泉、水池等天然水源10处，可能为当时城内人群日常生活的取水之地。另外，古城东北约2000米处为张广才岭北坡，该处马达沟内新发现一处辽金时期遗址，面积达数千平方米，沟南侧地表保存数座带折尺形火炕的房址与石砌方形台基。

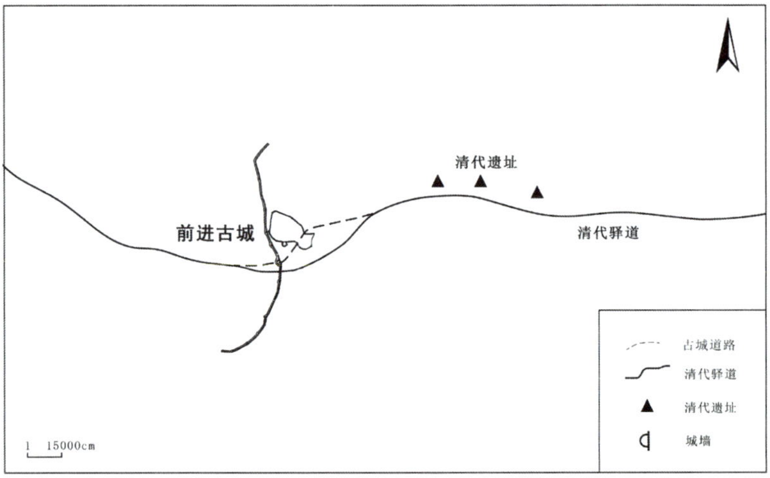

考古调查范围及发现示意图

测绘工作与主要收获

与公众的关注点不同，考古不是挖宝，考古工作并不过分关注所谓的“宝贝”。考古工作最关键的是要客观、准确地提取与记录遗存信息，并将重要信息披露给学术界与公众认知。衡量一个考古工作者是否合格，就是要看他能在考古遗存中提取多少关键性信息。考古队员们的下一步工作，就是要全面提取前进古城及周边考古遗存的信息，而测绘工作是这一步的基础。

爬山、调查，重复十几天之后，考古队终于将前进古城及周边考古遗存一一记录下来，并绘制成图。通过精心绘制的图纸，读者可以清晰了解前进古城的平面形制与布局及城内房址的分布情况。而且细心的读者也会发现，我们在西侧的防御墙上也发现了马面和瓮城设施。

以本次大规模的考古调查工作为基础，考古队员绘制了较为详细的遗迹平面分布图，从而对前进古城的分布范围、形制结构有了更进一步的认识。如城内遗迹类型与布局方面，较之前有非常翔实的资料信息补充，修正了以往对某些遗迹性质的判定，校正了诸多基础性测量数据。

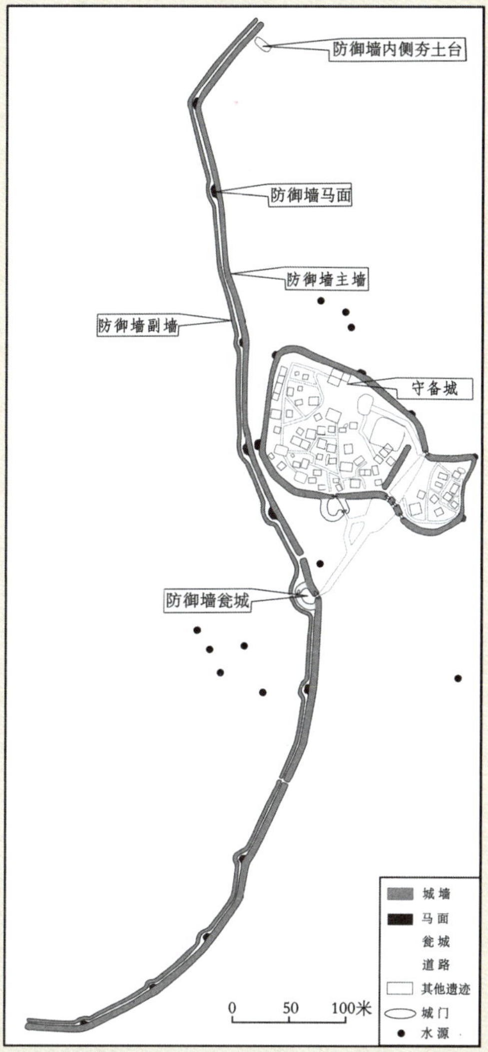

前进古城及周边考古遗存的总平面图

前进古城的修建充分利用了自然地形条件，城址选择修筑于山上，而防御墙南北两端直接与断崖相接。防御墙修建在城西，显然是以西部作为重要防御目标。清代道路可能是在古道路基础上重新修筑成为驿道，有学者认为是康熙年间为加强吉林乌拉与宁古塔之间的联系所开辟。民国时继续沿用该驿道，直至20世纪60年代至70年代，蛟河与敦化之间新修其他道路，此驿道方被弃用。

国祭圣山

长白山是东北地区最为重要的名山，满语称之为“果勒敏珊延阿林”，在古代又有不咸山、徒太山、太白山等诸多称谓，到了辽金时期始称长白山，并沿用至今。提起长白山，我们可能会想到天池，想到人参，想到茂密的松林和永恒的雪原。但你是否知道，在长白山脚下的二道白河，在森林之中还藏着一座古老的神殿？

这就是位于吉林省安图县二道白河镇西北 4000 米处的长白山神庙遗址（原称宝马城遗址）。遗址坐落在丘陵的南坡上，南距长白山天池 50 千米，二道白河和头道白河从遗址东西两侧流过，天晴之时，长白山

从长白山神庙遗址远眺长白山主峰（从北向南拍摄）

主峰的雪顶历历在目。遗址在2007年被列为吉林省文物保护单位，并入选“2017年度全国十大考古新发现”。至于为什么叫作“长白山神庙”，据当地老乡说，唐代将军薛仁贵东征的时候在此地获得一匹宝马，建了这座小城用来圈养，因此得名。

传说毕竟是传说，要想弄清楚它的前世今生，还需要依据科学的考古学方法。1978年，吉林省一支文物考古队最先来到这里，由于遗址被丛林覆盖，队员只能在茂密的植被中反复翻找，终于在遗址范围内采集到几件指压纹板瓦。这类装饰具有渤海时期的风格，因此队员将遗址的年代初步定为渤海国时期，推测在辽金时期也有沿用。这一发现引发了东北史地学者的关注，学界曾一度认为该处遗址是渤海朝贡道上的重要驿站，甚至有学者推定其为渤海国中京显德府下辖的兴州。

发掘开始，疑点重重

作为东北地区的旅游胜地，长白山一直以原生态的自然景观而闻名中外，但美中不足的是，相比中原、南方地区岳镇名山的大量摩崖石刻、古刹名寺，长白山地区十分缺乏可供观瞻的人文景观。为了解决这一问题，2013年，受地方政府的委托，吉林大学与吉林省文物考古研究所组成联合考古队，来到了长白山脚下的二道白河，准备对长白山神庙遗址进行考古工作。

考古队的领队赵俊杰教授是一名隋唐考古研究者，他对于这座所谓渤海国时期的“城址”抱有热切的期待。因为在此之前，我国的考古学界已经发掘了渤海国的数座都城遗址，但对地方性城址的考古工

长白山神庙遗址全景航拍（从南向北拍摄）

作做得还不多。赵教授希望通过长白山神庙的发掘来解决这一问题。

在简单清理植被之后，考古队员们便一字排开，使用探铲对整个遗址进行勘探。随着探铲上下翻动，砖屑从一个个探孔中带出，队员们在米格纸上紧张地标点，随着遗址轮廓越来越清晰，赵教授的眉头逐渐皱了起来。经过初步勘察，遗址是由长方形围墙和三座台基建筑构成，这三座基址沿中轴线布局，围绕以回廊院落，形成“工”字殿布局。而这种布局是宋代才开始流行的，常见于宋金时期的寺庙等礼制性建筑中，与唐代以及渤海时期的建筑布局大相径庭。赵教授不禁开始怀疑这处遗址是否真的如此前所推测的那样，是唐代渤海国的遗迹。

单凭建筑的布局特点还不能轻易下结论。赵教授决定在最北侧的台基和东侧墙体上布设探方进行小规模试掘。发掘收获颇多，一件件兽面瓦当、滚印纹檐头板瓦、凤鸟残件等遗物陆续出土。对墙体的解剖也说明院落的营建年代并不复杂。随着发掘资料在案头越堆越高，赵教授陷入了沉思，他找来厚厚一摞考古报告，这些报告中收录的文物与长白山神庙出土的文物十分相似，而报告的研究对象基本都是在宋金时期。

赵教授慎之又慎地思索，最终在本次发掘的考古简报结语处落下了笔墨：“在出土遗物方面，出土的瓦当、滴水、脊兽、鸱吻等陶制建筑构件与近年来渤海时期的遗物差异明显。而与金上京等金代遗址出土的遗物对比可以确定，宝马城遗址出土的遗物具有明显的金代特征，且并未发现任何包括渤海时期在内的其他早期遗存。通过考古地层学和遗址形成过程的研究，可以确认宝马城东墙基底部建于自然淤积层之上，又被金代的地层叠压，可见遗址的始建年代和主体使用年代均为金代。此外，宝马城遗址中出土木炭的碳 -14 测年结果也均落在金代纪年内。因此，宝马城遗址应当是一处金代建筑遗址。”

宝马城为渤海时期遗址的认识被科学的考古发掘所颠覆。尽管没有挖到他所期待的渤海城市，但赵教授的心中仍然充满了好奇和困惑，金人为什么要在这人迹罕至的原始森林里营建这样一座大型的庙宇，它又是为了供奉哪位神灵呢？

吉林大学考古队在长白山神庙遗址进行考古发掘

长白山神庙遗址出土的兽面瓦当

长白山神庙遗址出土的用于建筑屋脊装饰的陶质兽头

玉册发现，一锤定音

通过比对建筑布局和遗物特征，赵俊杰教授越来越确定这是一处金代的礼制性建筑，通过检索史料，大家在心里已经有所推测，但在实物证据出现之前，谁也不能妄下定论。对于考古学家而言，由于考古材料具有局限性，大量信息的缺失是再正常不过的现象，因此考古学家们养成了严谨的学术态度，对于出土文物的解读往往保留意见。但这次不一样，赵教授的手气好到让同行们“嫉妒”。

这是2016年9月的一个下午，赵俊杰教授与前来参观调研的中国人民大学王子奇博士正在发掘现场研究长白山神庙古建筑的基础结构，他们一边讨论，一边清理浮土，忽然，一件洁白的石质文物出现在眼前，他们立刻停止了谈话，按捺住心中隐约的期待，小心翼翼地清理面前的白色遗物。随着毛刷和小竹签的仔细剔除，这抹白色逐渐露出本来的样子。“好像有字！”赵俊杰教授的声音平静但难掩惊喜，灰尘拂去，“癸丑”二字映入眼帘，这居然是一件汉白玉质地的玉册残块！这与文献中金章宗于明昌四年（1193年，农历癸丑年）册封长白山为“开天宏圣帝”的记载完全吻合！

随后的几天，考古队员在一号基址的发掘中陆续又发现了多块汉白玉质地的玉册残块，上面刻着“金”“於”等字样，褾首还刻画有龙纹。玉册的发现令全体队员们都十分兴奋，他们开怀畅饮，向民工、朋友、家人们分享这一喜悦，尽管他们知道可能很难获得共鸣。对于忙碌的世界来说，这是早已过时的尘封往事，可对于考古队员来说，这是他们辛苦付出的最好回报！这昭示着宝马城遗址！

长白山神庙遗址出土的“癸丑”玉册残块

国祭圣山，中外一统

那么问题来了，金代统治者为什么要在长白山深处修建这样一座神庙呢？金朝是以女真完颜部为核心建立起来的一个封建王朝，从 1115 年完颜阿骨打称帝建国，10 年后灭辽，再两年后灭北宋，1141 年与南宋划淮而治，统治中国北方长达 120 年之久。金朝统治者虽未能混同南北，但突破了汉族的正统观，并主张夷夏平等，在历史上第一次提出了“中外一统”的口号。

我国古代中原王朝历来有祭祀山岳、圣山的传统，而且是以国家的大礼来进行祭祀，有完整的祭祀方式和仪轨。而女真族从白山黑水间起家、发展，他们擅长狩猎，因此崇拜山神，也有祭祀长白山和其他神山的习俗。长白山金代神庙遗址的建筑形式和布局完全按照中原王朝祭祀五岳圣山的山神庙来建造，包括出土的玉册等，都仿照了中原王朝祭祀的规格。金朝统治者祭祀长白山，既是其本身风俗的沿袭，又体现了女真族上层统治者广泛吸收汉文化的开放的一面，这为后来中华民族形成一个大家庭奠定了基础，也为东北边疆地区的开发做出了重要贡献。

车水马龙

揽头窝堡遗址位于吉林省德惠市边岗乡揽头窝堡村东北，遗址北接双城子城址南城，南邻丹城子城址，三者构成了一个庞大的金代遗址群。整个遗址群坐落于饮马河西岸。饮马河发源于吉林省磐石市的呼兰岭，自南向北流至农安县靠山镇与伊通河汇合后向北注入松花江。关于饮马河的名字，民间传说清乾隆皇帝东巡，曾经在此河饮马，因而得名。这种传说并没有历史依据。饮马河是满语的音译，在清代饮马河被称为伊勒门河，明代称一迷河、额勒敏河，元代称亦迷河，金代称伊儿门河，又写作移里闵河。由此可以看出，饮马河至少在金代就已经有了接近饮马河发音的名字，并不是因乾隆饮马而得名。

1998—1999 年，由于新建设的长春至扶余高速公路穿越遗址，公路穿越占用的部分遗址会遭到永久性破坏，在此之前，经报请国家文物局批准，吉林省文物考古研究所等单位对公路占用部分的遗址进行考古发掘，发掘清理出房址、灰坑等遗迹，出土了一大批陶瓷器、铁器等遗物，证实了揽头窝堡遗址是金代中晚期非常繁荣的一处大型聚落。

遗址内编号为 6 号的房址保存较好，可以看出这是一座建筑面积较大的房屋，东西宽约 12 米，南北跨度约 14 米，是一座面积近 170 平方米的大房子。房子四壁是土墙，为了使墙体更稳固，在墙体中设置有木柱，起到加强作用，同时在墙体表面还砌了一层青砖，在加固墙体的同时也起到了美观的作用。房屋的门朝南开，略微偏西，进入房间以后，

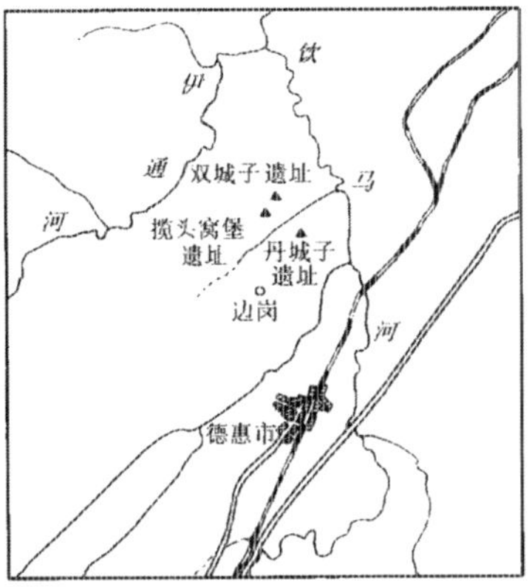

揽头窝堡遗址位置示意图

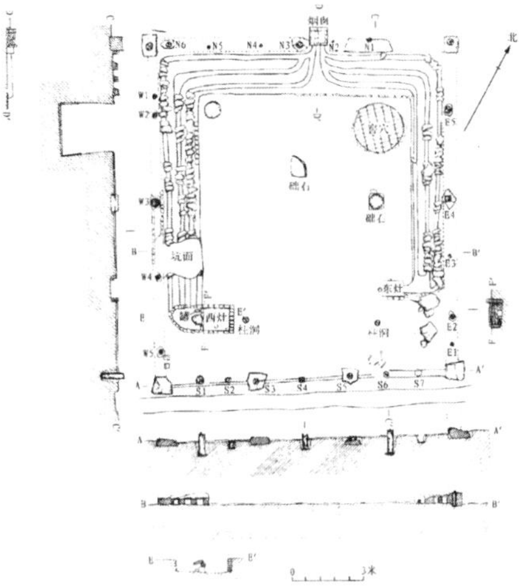

6号房址平剖面图

东西两侧各有一个灶，灶后连接火炕，整个火炕环绕房间内东、西、北三面修建，极具东北特色。灶上原应放置有铁锅用于生火做饭，这座房屋内的铁锅应该是随着户主的迁徙作为重要财产被一同带走了。不过在其他金代遗址内发现有很多金代铁锅，这些铁锅在外壁的口沿下方多有六个鋬手，用于卡在灶台上，被称为“六耳铁锅”，这类铁锅的造型是由中原汉代厨房所用釜灶上的釜逐渐演变而来的。房间内西侧灶铁锅所在位置的后方还设置一个灶孔，上面放置了一个陶罐，中国陶罐可以用来炖煮东西，也可用来烧水，充分利用灶的火力，既方便了生活，也节约了能源。

房屋内东侧灶较小，房间内应该是以西灶为主，东灶为辅。在房间内东北角落里还有一个圆形的窖。窖口为圆形，口小底大。窖穴的内壁为防潮用火进行过烧烤，底部铺的是青砖，修建较为考究。在窖穴底部和内壁上，考古工作者发现了一层薄薄的灰烬，经过植物考古学家的鉴定，应该是谷子的遗存，也就是未脱壳的小米。由此可推测这个窖穴应是金代人用来储存粮食的。

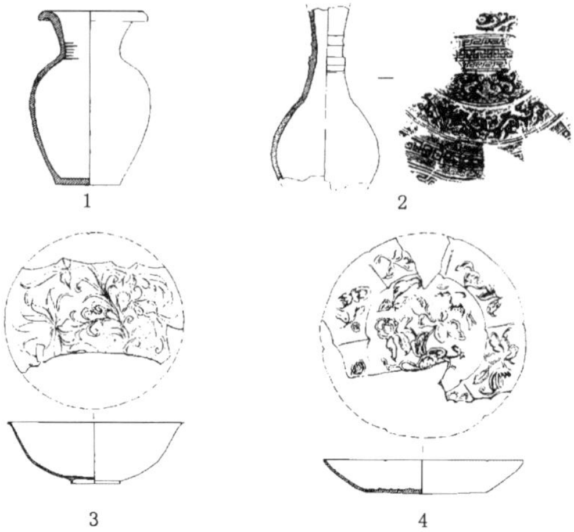

6号房址出土的部分陶瓷器

在这座房间里，还发现了很多遗物，其中陶器有陶罐、陶盆、陶甑和陶瓶等，这些都是金代人日常生活的常用物品，现代生活中也经常用到，只不过随着社会和科技的发展，这些器物的材质变成了不锈钢、塑料和玻璃等材质。其中陶甑可能看起来比较陌生，其实它是底部开有很多孔的陶盆，是古代用来蒸东西的器具，和现代家庭里带有箅的蒸锅在功能上是相同的。房址里出土的瓷碗种类多样，多数是东北地区窑口生产的粗白瓷，也有少量精美的定窑细白瓷、建窑的黑釉瓷器。

定窑在唐代时就已是著名瓷场，专烧白釉、黄釉瓷，到宋代发展迅速，为宋代六大窑系之一，窑址在今河北省保定市曲阳涧滋村及东西燕村，因宋代属定州，故名，1986年被列为全国重点文物保护单位。2009年，河北省文物研究所、北京大学考古文博学院等多家单位联合对定窑遗址进行了考古发掘，清理出大批的瓷器，为定窑瓷器的分期提供了科学的基础。定窑的胎质薄而轻，胎色白色微黄，较坚致，不太透明。划花、刻花和印花是定窑瓷器的主要装饰方法。以花卉纹最为常见，主要有莲、菊、萱草、牡丹、梅等，花卉纹布局多采用缠枝、折枝等方法。揽头窝堡遗址出土的定窑瓷器内就印有莲花纹和鱼纹。

建窑是宋代福建地区的著名窑场。窑址有芦花坪、牛皮仑、大路后山、营长乾等处，遗物分布面积约 12 万平方米。建窑创烧于晚唐五代，历经宋、元、明、清四代，烧瓷历史长达千年，而且对福建地区和江南广大地区都有很大影响。产品以盏、碗、盘、碟为主。1989—1992 年，由中国社科院考古研究所、福建省博物馆和建阳市博物馆组成的联合考古队对建窑遗址进行了有史以来最大规模的科学发掘，清理出唐代至宋末元初的龙窑 11 座，以及大量的瓷器标本，基本摸清了建窑发展的历史脉络，为全面、系统地了解建窑提供了宝贵的资料。

宋代是建窑的发展时期，以烧黑釉器而著称。兔毫斑、鹧鸪斑、曜变等釉色的名品就出在这里，建窑的黑釉属于结晶釉的范畴，含铁量高达 8% 以上。在 1300 多度的高温熔烧过程中，窑温的变化使釉面产生独特的花纹。揽头窝堡遗址出土的黑釉碗内有兔毫、油滴等窑变现象，应该是建窑系产品。

揽头窝堡遗址出土的粗白瓷来自辽宁及内蒙古东南部，出土的定窑白瓷产自中原地区，还有来自南方的建窑黑釉瓷。揽头窝堡遗址一座房屋里出土这么多种类的瓷器与其地理位置息息相关。在金代，揽头窝堡遗址东北方向分布有金上京会宁府，其西南方向为辽代黄龙府、金代隆州。也即揽头窝堡遗址处于中原地区通往金上京的交通线上，优越的地理位置为揽头窝堡遗址带来了依托交通线而兴的商业贸易，中原地区用久负盛名的瓷器、茶叶等换取东北地区的皮毛等物产，揽头窝堡遗址则是这条贯通东北亚的丝绸之路上重要的一站，因此，遗留下大量中原乃至南方生产的瓷器。

在房址内还发现了一批古代钱币，有“开元通宝”“太平通宝”“祥符通宝”“祥符元宝”“天禧通宝”“景祐通宝”“皇宋通宝”“嘉佑通宝”“治平元宝”“元丰通宝”“元祐通宝”“圣宋元宝”。中国古代钱币历史较长，商周时期使用海贝作为货币，春秋战国时期，随着社会经济的发展，各国都开始铸造各自特色的货币，如齐国的刀币、晋国的布币等。秦朝统一六国之后，统一使用圆形方孔钱币，并在钱币上标注重量，并为后世所沿用，主要有秦代的半两钱、汉代的五铢钱等。

中国古代使用年号纪年，十六国时期割据四川盆地的成汉政权开始把年号铸造于钱币之上，这一做法为后续的朝代所沿用。通过查询揽头窝堡遗址 6 号房屋内出土钱币的钱文可知，上面铸造的都是宋代皇帝的年号，还有一枚“开元通宝”是唐代的年号。也就是说，在金王朝起源的东北腹地，在普通居民的日常生活中使用的都是宋朝的钱币。这种现象不仅见于揽头窝堡遗址，在东北地区其他辽金时期遗址的考古发掘中也经常见到。

金王朝是起于东北的女真族政权，其政权建立不久，便凭借强大的军事力量攻灭了辽王朝，又攻破北宋，占领区域迅速扩大至整个北方地区。在如此广大的区域内凭借女真族的少量人口要实施稳固的统治和恢复社会生产并非易事。直至金王朝第四任实际统治者海陵王时期，金王朝统治才逐渐稳固，开始发行自己的钱币。但是由于金王朝统治区域内铜矿资源较少，且钱币铸造和管理不善，使金朝铸造的钱币较少，到了金世宗时期便开始发行纸钞，章宗时期甚至一度禁止铜钱流通。宋朝社会经济高度发达，铸币数量大，因此，金王朝的社会生活中，大量使用宋朝货币，并掺用前代货币。所以，在揽头窝堡遗址的 6 号房屋内才会出土大量宋代钱币，甚至唐代钱币，但唯独不见金朝自己的钱币。

揽头窝堡遗址还出土了大量的铁器，主要有铁锁、铁带扣、铁钉、铁箍等，表明金代居民在日常生活中大量使用各类铁器，直观地反映了金代的冶铁业的发达。早在 1961—1963 年，黑龙江省的考古工作者就在哈尔滨市阿城区小岭街道西川村西北的小岭、五道岭等山脉中发现了大量的金代冶铁遗址，清理出保存较完好的冶铁炉。吉林省前郭县的塔虎城内，考古工作者也曾经清理过冶铁炉。《金史》中记载，在金王朝建立以前，女真的很多部族就已经会冶炼并制作铁器了。

揽头窝堡遗址出土的铁器里有一件特别有意思。这件铁器锈蚀特别严重，考古工作者开始以为是一个普通的铁牌，但是其形状还能模糊地看出是一个人骑在马上的形象。于是考古工作者就将这块铁牌带到了医院，用医院里的 X 光机照，X 光可以穿过厚厚的铁锈，显示出铁牌表面的纹饰细节。原来，这个铁牌是一个骑在马上横吹笛子的战士形象，他的腰间还挂有弓箭。铁牌上战士的头部有一个孔，可以穿上绳子挂在身上，是一件难得的铁质工艺品，展示了金朝女真战士不仅有英勇善战的一面，还有着吹笛品箫的音乐素养。

通过考古发掘出土的大量文物，我们发现揽头窝堡遗址在金代社会发展非常繁荣。这种现象与揽头窝堡遗址的地理位置息息相关。揽头窝堡遗址位于农安古城和金上京之间，农安古城就是历史上著名的黄龙府，不过在金代先改称济州，后因为和山东济州重名，又改成隆州、隆安府。沿隆州向南经过信州（今公主岭市秦家屯古城）、韩州（今梨树县偏脸城）、辽阳（今天的辽阳在金代也叫辽阳）然后再向南就到了金中都，也就是今天的北京。也就是说，揽头窝堡遗址处于金中都与金上京的交通线上。中都是金代的政治中心，金上京是金王朝早期都城，是金王朝的龙兴之地，两京之间的交流都要经过揽头窝堡遗址，揽头窝堡遗址也因此而繁荣兴盛。

揽头窝堡遗址出土的骑士牌

或许有人会问，既然揽头窝堡遗址在金代这么繁荣，那么在历史文献中有没有记录？关于这个问题，考古工作者也进行过细致的研究。首先，揽头窝堡这个地名就极具近现代东北特色。窝堡是一种地下或半地下式的简陋的房屋。清朝末年，由于清政府的腐朽统治，中原地区水旱兵灾不断，民不聊生，山东、河北一带的贫苦百姓为了生存，便携家带口向地广人稀的东北地区逃荒迁徙，这就是历史上著名的“闯关东”。这些贫苦百姓到达东北之后，便就地搭建简单的窝堡、窝棚栖身，后来逐渐繁衍生息，发展壮大，形成村屯，村屯便以最初搭建的窝堡命名。揽头则是传统社会中专门牵头接活儿的中间人，当年应该有一位穷苦的揽活儿人因闯关东而来，在此搭建窝堡落脚，后来逐渐形成村屯。东北的多数地名饱含着旧社会百姓穷苦生活的底色，今日视之，不能不以之感怀。

所以揽头窝堡遗址在金代应该是不叫这个名字的，揽头窝堡遗址和周边的双城子、丹城子组成了这么大的一个古代城市圈，应该在历史文献上有所记载。金代在东北建制的州县较少，文献中州县学者都进行过考证，与揽头窝堡遗址形态不符。研究者将目光转向了金代的另外一种制度——猛安谋克制，这是金代一种特殊的社会制度，最初是一种军事组织，以三百户为一谋克，十谋克为一猛安，在对外战争中，以猛安谋克为基本军事单位编制，充分利用女真人户实现军事力量最大化，后来逐渐转变成行政管理制度。

金王朝在攻灭辽与北宋后，在辽、宋故地按照原有的中原模式建立州县进行统治，而在女真起家的东北地区，则更多地沿用了传统的猛安谋克制度，随着社会经济的发展，这些猛安、谋克聚居地也逐渐形成了城郭，即为猛安城、谋克城。在揽头窝堡遗址所在的饮马河流域，金代曾经设置过移里闵斡鲁浑猛安，其中移里闵即为饮马河，那么斡鲁浑应该也同样是河流名。饮马河还有一条支流叫雾开河，雾开河在清代称乌苏图乌海河、雾海河。在发音上接近斡鲁浑，应该即是斡鲁浑不同时代的发音。关于移里闵斡鲁浑猛安，《金史·完颜昂传》记载："天德初，改安武军节度使，迁元帅右都监，转左监军，授上京路移里闵斡鲁浑河世袭猛安。海陵曰：'汝有大功，一猛安不足酬也。'益以四谋克。"通过梳理文献，有学者认为，揽头窝堡遗址周边的双城子南、北两座城以及丹城子，应该分别对应的是移里闵、斡鲁浑以及后来益以四谋克共同组成的猛安。揽头窝堡遗址则是在此基础上社会发展后依托该猛安生活的居民村落。

或许有人会问，金代移里闵斡鲁浑猛安发展这么繁荣，怎么就变成今天的小村庄揽头窝堡了呢？这些金代人又去了哪里？

金王朝末年，北方草原上蒙古强势崛起，频繁南下进攻金朝，很快就攻下了金中都及周边区域，金王朝被迫南迁都城至开封。至此，东北广大地区与金王朝都城被蒙古间隔开来。金王朝对东北地区的统治力变得衰弱，在锦州，张鲸聚众十万称王，后被蒙古镇压。生活在此区域的契丹人以耶律留哥为首聚众反金，自称辽王。金王朝派去镇压耶律留哥的将领蒲鲜万奴在被耶律留哥击败后，感觉金王朝大势已去，拥兵自重，后来也建国称王，号为东夏。这一时期，东北地区蒙元、金王朝残余势力、蒲鲜万奴的东夏国、耶律留哥及其部众互相攻伐，东北地区陷入一片混乱。

揽头窝堡遗址所在的移里闵斡鲁浑猛安是金王朝具有军事性质的组织，在这样的战争环境下自不能幸免于世，大量的青壮年从军消耗于一次次的战争中，社会财富也在战火中灰飞烟灭。剩余的居民也逐渐离散，或追随女真政权——东夏迁回了东北东部山区的女真发源地，或降于蒙元，成为元朝治下的女真人。清王朝崛起并入主中原后，东北地区大量的女真人迁入中原，致使东北地区人口遂减，逐渐荒芜，直至清末闯关东人口回流。至此，金代兴盛一时的移里闵斡鲁浑猛安就这样变成了今天的揽头窝堡，唯有遗址上的残砖碎瓦在无言地记录着曾经发生的一切。

东夏烟云

唐朝鼎盛时期，广袤的东北大地上，一个以粟末靺鞨民族为主的“靺鞨国”在这里繁衍生息。公元713年，他们的首领大祚荣被唐玄宗册封为渤海郡王，“海东盛国”盛极一时。

靺鞨族是在肃慎故地发展起来的，“靺鞨”之名初见于《北齐书》。《隋书》记载：“靺鞨即古之肃慎氏。”《唐书》也有这样的文字：“靺鞨，盖肃慎之地，后魏谓之勿吉。”东至于海，西接突厥，南界高句丽，北邻室韦。靺鞨族诸部的分布区域极广，至唐代，靺鞨最终形成两大集团：粟末靺鞨和黑水靺鞨。

《新唐书·渤海传》记载：“渤海，本粟末靺鞨附高丽者，姓大氏。高句丽灭，率众保挹娄之东牟山，地直营州东二千里，南比新罗，以泥河为境，东穷海，西契丹。筑城郭以居，高句丽逋残稍归之。”这段文字记录了神秘古国——渤海国的建立。

武则天万岁通天元年，契丹叛乱，粟末靺鞨族人大祚荣父子参与反唐。此后唐

磨盘村山城远眺

布尔哈通河

朝东北边境发生了一连串战事，史称“营州之乱”。次年，大祚荣父亲乞乞仲象去世，大祚荣率领余部迁至天门岭一带时，重创追剿的唐军，这一战，就是著名的“天门岭之战”。在取得天门岭之战的胜利后，公元 698 年，大祚荣征聚了高句丽遗民，“东守桂娄故地，据东牟山筑城而居”。大祚荣建立了渤海国，也叫震国，首都在东牟山，后来，东牟山也被称为“旧国”。

东牟山的具体位置，史书中并未做出详尽的介绍。多年来，它的确切位置一直困扰着研究人员。一直以来，对于这一问题，学术界的看法并不一致，早在多年前，“旧国敦化说”就已经被提出。1949 年，在位于吉林省敦化市的六顶山渤海墓群，人们发现了渤海国第三代王大钦茂的二女儿——贞惠公主的墓葬。这一发现，似乎在考古学上给“旧国敦化说”提供了有力证据，人们也试图通过公主墓地，在敦化寻找到旧国的踪迹。但是随后敦化敖东城、敦化永胜等遗址的考古发掘，都证明这些遗址的时代为金代。

渤海旧国的东牟山究竟在哪？它的存在能否揭开渤海国神秘的一角？这些都有待考古人员在接下来的工作中给出答案……

在图们市与延吉市交界，延吉市东约 10 千米处，布尔哈通河和海兰江汇流处的城子山上，其中一处山头与众不同，四周被山峰所环绕扼守延吉盆地的最东缘，三面环河，地势险要，易守难攻。早期，它被命名为“城子山山城”，后来改名为“磨盘村山城”。

2013 年的一天，吉林省文物考古研究所工作人员的到来打破了磨盘村山城往日的宁静。针对磨盘村山城的考古调查和发掘工作正式展开，谁也没有想到的是，这一举动，将成为解开渤海“旧国”谜团的关键一笔。在对面河龙村的高山顶上眺望，磨盘村山城的所在地是一座呈马蹄形的大山，周围群峰环绕，犹如屏风一般，天然形成的有利地形成就了这一军事要塞，自然也让它成为兵家的必争之地。

这座山城修筑在陡峻连绵的山峰上，易守难攻。如此精密布置，难道是因为山城里曾住着非常重要的人物吗？考古人员大胆猜想，它会是渤海国最初的王城东牟山吗？

《新唐书·渤海传》记载："天宝末，钦茂徙上京，直旧国三百里，忽汗河之东。"这段文字对旧国所在地有简单的描写。上京也就是渤海上京龙泉府，这是渤海国第三代王大钦茂迁都后的渤海王城。从地理位置上来看，似乎眼前的磨盘村山城与东牟山所在相吻合。

在对磨盘村山城进行调查后，发现这座山城城墙高耸巍峨，城内有多处大型建筑基址，疑为宫殿，考古人员在其中采集到了大量高等级建筑构件。这似乎为寻找东牟山所在重新燃起了希望。这座山中有城、城中有山的遗址，真的会是渤海国"旧国"所在吗？千年前的古城会是何等恢宏？一个个疑问，激励着考古人员在发掘中寻找真正的答案。

为了弄清山城的年代和性质，自2013年起，经国家文物局批准，吉林省文物考古研究所对磨盘村山城开展了连续多年的主动性考古发掘，取得了重要的成果。

山城平面近阔叶形，城垣依山势沿山脊或山腹以石块和沙土砌筑，周长4549米，最高点海拔388米。城墙最高处在4米以上，多数只见土墙，少数部分可见错缝垒砌的石墙外立面。城墙上有豁口多处，其中东门、北门、西门均有瓮墙和瓮门。城内地势开阔，多为平缓坡地，根据城内自然冲沟可分为五个区，城内有纵横家交错的路网。道路两侧可见大量经过人工修整的人工台地，台地上遗存十分丰富。

磨盘村山城拥有高险的城墙，共有7处城门，经过发掘的有6处。其中北门和东门封堵了山城北侧两处狭小山谷出口，均带有瓮城，形制规整，结构明确。东门平面近扇形，两处门道呈曲尺形设置。城门门道宽3.6米，两侧各有一块门枢础石。两侧门垛利用块石砌筑，十分规整，门垛内侧立有经扰动的早期柱础石。瓮墙土筑，夯层明显，损毁严重。出土遗物有陶器、铁器、礌石和红褐色瓦件等。应为早晚沿用的城门，其中瓮城为晚期增筑。北门平面呈弓形，瓮墙笔直，土石混筑。两处门道同向布置，均发现有保存较好的木质地栿、排叉柱等，两侧门垛外立面块石砌筑，内部填充黄砂土，城门门垛内侧有登墙踏步和小型房址。出土遗物有陶器、铁器、礌石和石刻武士像。北门东西两侧城墙沿山腹向两侧山脊爬升，至最高点转角处修建了两座角楼，视野极为开阔。西门为规模最大的城门，瓮城面积达到 25000 平方米，位于山城西南部，地势高，易守难攻。城门保存完好的将军石及门枢础石，两侧门垛内侧均有小型房址。多处门址均发现了大量的礌石及箭镞、矛等武器，说明了山城城门重要的防御功能。

山城中区是磨盘村山城遗址发掘的另一个重点，中区建筑群位于山城中区，有至少 11 座形制相同、方向和规格略有不同的建筑，该建筑群分布在南北长 280 米、东西宽 110 米的范围内，共有 7 级台地，平均高差在 1 米左右。这个区域曾被认为是渤海“旧国”的宫殿区。

考古人员在这里发掘了数个大型建筑基址，均由成排密集分布的础石和外围排水沟两部分组成。2 号建筑坐南朝北，础石共 5 排。第 1、5 排础石 21 块，2、4 排础石 16 块，3 排础石 5 块，1、2、4、5 排的础石间距不足 0.5 米，各排间距 2.6 米；3 排的础石间距约 4.4 米。总体来看应为面阔六间，进深三间的干栏式建筑，其中第 3 排础石为顶梁柱础。础石选用石料多为玄武岩，经人工修整略呈四边形，边长 40~60 厘米、厚 12 厘米左右。排水沟环绕建筑，距外侧础石约 0.8 米，宽 0.6~1 米、深 0.3 米，西北角有排水口。

陡峻的地势、恢宏的建筑，与古书记载一致的地理位置，是否意味着这里就是渤海旧国的王城呢？就在所有人内心为这些联想雀跃之时，另一个消息却让人大吃一惊。

在 2 号建筑南侧排水沟东段发现了一枚铜印。铜印平面呈正方形，方柱状钮，边长 6.3 厘米，重 516.7 克。正面边框内阳刻“监支纳印”字体为九叠篆，二行四字，字迹清晰，印侧面阴刻款文与印正面内容相同，字体近于行楷，易于辨认。钮右侧刻“天泰四年五月造”，印钮顶端阴

磨盘村山城东门全景

磨盘村山城北门全景（上为南）

2号、3号建筑基址

2号建筑址出土的“监支纳”铜印

刻“上”字。“监支纳”是金代所设官职名，据《金史》记载：监支纳，正八品，掌支纳诸物。天泰为东夏国年号，“天泰四年三月”，即公元1218年3月。

早在20世纪50年代，就有人在山中意外发现古代方印一枚，这枚方印为铜质，边长6厘米，印文为九叠篆书，正面刻文“南京路勾当公事之印”，左侧有“南京行部造”字样。印背柱钮上刻有“天泰三年六月一日”，钮顶部还刻有一个“上”字。勾当公事，始见宋代，职务系管理机要文书，金代沿用，亦设勾当官职。天泰为东夏国年号，天泰三年，为金宣宗兴定元年，即1217年。新中国成立后，辽宁省博物馆、吉林省博物馆、延边州文物普查队、延边州博物馆、龙井县博物馆、图们市博物馆等先后对遗址开展过地面调查。城内采集到金仿汉仙人神兽铜镜（铜镜边缘侧面阴刻楷书“上京会宁县凿”）、“勾当公事之印”（印文“勾当公事之印”，印背右侧刻“大同七年七月”，印背左侧刻“礼部

南京路勾当公事之印

造”）、兵马按抚使之印（印文“兵马安抚使印”，印背刻“天泰二年四月二十八日造”和“南京行部”）等多件带铭文遗物，学界普遍认为磨盘村山城为金末东北地方割据政权东夏国的南京城。而这枚“监支纳”铜印的出土，更是从地层学上证实了山城晚期遗存属于我国东北地区金末东夏国时期遗存。

东夏国是金朝辽东宣抚使蒲鲜万奴在1215年建立的地方割据政权，1216年降于蒙古，1217年再度自立，定都南京。东夏国建国于1215年（金宣宗贞祐三年），是金末元初女真人后裔蒲鲜万奴建立的地方封建割据政权。据《元史》记载：“查剌从国王军，征万奴，围南京，城坚如立铁，查剌命偏将先警其东北，亲奋长槊大呼登西南角，摧其飞橹，手斩陴卒数十人，大军乘之，遂克南京。”1233年（金天兴二年），该城被蒙古兵所破，国王蒲鲜万奴被俘。东夏国灭亡，历时19年。山城内出土的“南京路勾当公事之印”等文物印证了史书记载的可靠性。

吸引了考古人员这么久的磨盘村山城，曾是东夏国的南京治所。而那座神秘的东牟山又像凭空消失了一样，让考古人员没有了任何头绪。曾经大败唐军的大祚荣，他的王城究竟在何处？

考古人员在调查及发掘中发现，磨盘村山城的城墙及部分城门为早期始建，早期城墙宽度及外墙高度均可达到4米以上，依山势修建阶梯式平台，平台之上开挖基槽垒砌石板或石块作为墙体基槽，墙体利用块石错缝垒砌，外墙面较内墙面规整，内侧墙面多用砂土板筑倚护。早期城门保存状况较好，以石块修砌边壁，地面铺设大型石板或石砌踏步。东夏国对早期城墙、城门进行了增筑、改建或沿用，在考古发掘中可以明确二者之间的差别。

在历史长河中不断被沿用？这说明什么？有没有一种可能，渤海，它的早期王城，也就是东牟山，恰恰被后世沿用了呢？也许，东牟山也恰恰和东夏国的南京是同一地点呢？就在磨盘村山城的发掘过程中，考古人员不断有新的发现。除了东夏国的这些遗物以外，还有一批以绳纹板瓦、网格纹板瓦为代表的红瓦系统被发现。经考证，这种红瓦明显在

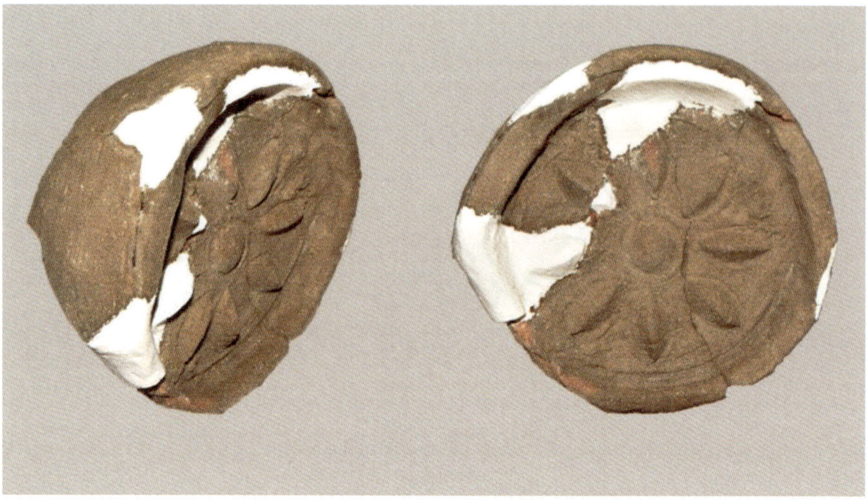

莲花纹瓦当

年代上要早于眼前这些台地的年代。磨盘村山城拥有更早期的遗存，这是否意味着，磨盘村山城在成为东夏国的南京治所之前，是历史上的另一座城池？伴随对磨盘村山城的继续发掘，另一个新的发现让考古人员更为兴奋。

考古人员在城内采集到过一些凤鸟纹及莲花纹的瓦当，这些瓦当极有可能就是渤海国早期的遗物。接下来东区建筑群的发掘更是另研究者们为之振奋。东区建筑群位于山城东区中部，这处建筑群的主体包含石构建筑基址 12 处，其中，7~11 号建筑东西向一字排开，12~18 号建筑分三列南北向分布。建筑群南侧坡地上有东西向排水沟，西侧有低矮挡墙，东侧紧靠城墙，形成较为封闭的院落；8~10 号建筑和 12~18 号建筑平面呈多边形或圆形，其余建筑为长方形。这些建筑内均未发现取暖设施，推测为某种大型的仓储建筑，出土遗物多为红色瓦件，多数为筒瓦和板瓦，瓦身多见网格纹、菱格纹和绳纹，筒瓦残片上多见刻画文字或符号。这些遗物均有明显的时代特征，将磨盘村山城的年代指向了渤海早期。

除了山城东区的建筑群，近年来考古人员又接连在中区发掘了几处早期的建筑基址，形制与东区相似甚至规模更大，出土的大批红色瓦件与东区出土的瓦件有所区别，这也许说明了早期遗存的分布范围以及它存续的时间要比以往推测的更长，对山城的开发及利用规模更大。除去这些大型仓储建筑，高等级的宫殿、百姓生活的民居在哪里？城市的布局如何？更多的问题摆在了考古人员面前。

虽然现阶段对于磨盘村山城早期遗存的考古工作尚未完全解决渤海建国都城东牟山在哪里的争论，但毫无疑问，磨盘村山城的考古工作具有重大意义，刷新了以往学术界对渤海早期遗存的认识，也将为渤海早期王城研究提供丰富的考古学材料，也是探寻渤海早期政治、经济、文化、军事极为重要的手段，对深入研究渤海国的建立、发展等诸多历史问题，乃至我国东北以及东北亚历史具有重要的学术价值和政治社会意义。

山城腹地，荒草萋萋，原有的宫殿遗址淹没于荒草之下。古城墙的遗迹依旧清晰，刻画着古代军人“铁马冰河入梦来”的沧桑画卷。整个磨盘村山城随处可见残砖碎瓦，恍如浮生一梦，醒来时早已不见千年前的盛世繁华。

在历史长河中，渤海国的诞生、繁荣与消亡；东夏国的短暂兴起与覆灭就像白山黑水间的海市蜃楼。磨盘村山城的重要发现，揭开了渤海国与东夏国的神秘面纱。它承载着千年的光荣和梦想，记录了靺鞨与女真族在东北亚书写的辉煌历史。

牧野华宫

在科尔沁草原东陲，洮儿河与嫩江交汇处，一个巨大的内陆湖泊坐落于此，这里就是素有“草原明珠”之称的月亮泡。纵横 200 多平方千米的湖面上，碧波粼粼，一望无垠，孕育着眼前这方水土。距离月亮泡北 10 余千米处，一座名为后少力的小村庄静谧祥和，人们日出而作，日落而息，在大自然的馈赠中，感受着生活的快意。

1960 年 6 月，一个炽热的夏日，考古工作队的到来打破了这里的宁静。当时发现后少力村西侧耕地中散落着大量青砖、琉璃瓦、龙纹瓦当等古代建筑构件。在遗物集中的区域有两座土包疑似古代建筑基址。考古队员对周边地区进行踏查后，确认地表之下保存着一座古城遗址，这处古城遗址被命名为“后少力古城”。

后少力古城西北角建筑址（南—北）

1983年8月，第二次全国文物普查期间，复查后少力古城时发现了黄白釉铁花坛、二龙戏珠瓷盘、白釉口杯、鱼纹铁釜等文物。此时，考古人员开始认真地梳理这些文物，并有了惊人的发现。这些文物都具有典型的元代器物特点。那么，这座古城究竟建于何时？为谁所建？又曾在这片土地上留下过怎样的故事呢？

2016年5月，为解开古城之谜，吉林省文物考古研究所展开了后少力古城的考古发掘工作。至此，文物工作人员才抽丝剥茧地一点点揭开古城神秘的面纱。

考古工作首先对古城周边进行了小范围区域性考古调查；随后，对城址范围进行了一系列的考古勘探、物探、测绘和航拍工作。经过多方面考虑，选择对古城西北角外侧的台基建筑、东门址、东墙外侧的聚落址进行发掘清理。出土了大量建筑构件，如瓦当、滴水、瓷碗、陶壶、香炉、铜饰件等，珍贵文物达千余件。出土的建筑构件中有大量的黄釉龙纹瓦件，与河北省张北县元中都出土器物基本相同，认定为较高等级建筑上使用的瓦件。同时还出土了一件“枢府”瓷器残片。经过考古发掘，所发现的建筑基址和古代遗物，其蕴含的时代属性均指向为元代遗存。

琉璃龙纹滴水

花草纹六棱砖

元朝的疆域极为广阔，东起日本海、西抵天山、北包贝加尔湖、南至暹罗是中国历史上疆域最辽阔的王朝之一。其中东道诸王是元代以蒙古亲王为主的一个重要政治势力。他们分别是成吉思汗的大弟拙赤合撒儿、二弟哈赤温、幼弟铁木哥斡赤斤以及同父异母弟别勒古台。

斡赤斤又称斡陈，蒙语意为“守灶火之子”。生于1168年，斡赤斤在蒙古帝国建立过程中发挥了巨大的作用，深得哥哥铁木真和母亲诃额伦的疼爱。1206 年蒙古帝国建立，铁木哥·斡赤斤和母亲诃额伦太后一起分得一万户领民、领地。

公元 1211 年，成吉思汗统兵南下攻金。1213 年斡赤斤与合撒儿一起领左军破蓟州、滦州、平州及辽西诸郡。1214 年，成吉思汗将诸弟的封地都调整到蒙古高原的东部，称东道诸王，斡赤斤的地位和权力位居东道诸王之首。其封地囊括了今大兴安岭西麓、海拉尔河以南到哈拉哈河流域的大片地区。这一地区地域广阔，资源丰富，对刚刚建立起来的蒙古帝国具有十分重要的战略地位，可控制四条通往蒙古草原的通道，即洮儿河、淖尔河、嫩江、雅鲁河。此后斡赤斤的封地开始逐渐延伸至白城一带。

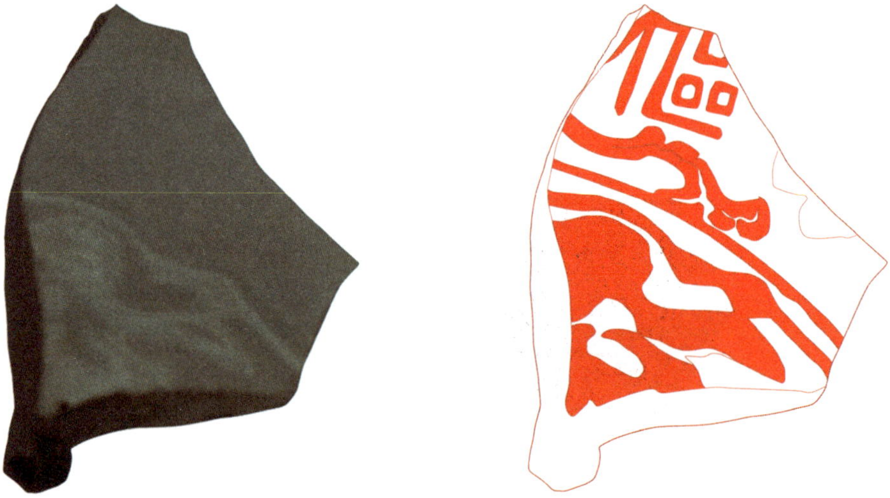

枢府瓷残片

那么，现场发掘出土的大量高等级建筑构件会是斡赤斤家族曾经的宫城吗？

带着这个疑问，考古人员查阅了大量的元代史籍，其中波斯史学家拉施特在《史集》里记载：“在蒙古人中间，斡赤斤以好兴建宫院著名，他到处兴建宫殿、城郊宫院和花园。”考古人员在考古发掘过程中发现，无论是古城的建筑规格、建筑特征，都符合历史文献中对斡赤斤家族的记载，由此推断，后少力古城很可能就是东道诸王斡赤斤向东南扩张时的一个王城！出土的“枢府”瓷器残片再次加深了这一猜测。

在元朝的制瓷工艺中，枢府釉瓷器是朝廷定烧的一种，其釉色介于白釉和青白釉，一般由元朝最高军事机构“枢密院”定制烧造。发掘过程中发现的枢府瓷残片印证了后少力古城存在高等级建筑基址。再对照斡赤斤家族管辖的封地，我们更加确定后少力古城应为斡赤斤族系的宫殿或衙署遗址。

东道诸王中，斡赤斤家族是蒙古“黄金家族”的重要成员，势力最大，而且他的封地区域地理位置极佳。自忽必烈建立元朝以后，势力强大的斡赤斤家族既是元廷强化中央集权的阻碍，又是各派政治势力角逐过程中优先拉拢的对象。

斗转星移，后少力古城宏伟的建筑已荡然无存，这些残垣断壁或许在数百年前就见证过斡赤斤家族的崛起和衰亡，从散碎的遗物中依旧能拼凑出古城昔日耀眼的光辉。

船厂石刻

美丽的江城——吉林市是一座饱含历史文化底蕴的东北名城，从 2 万多年前的寿山仙人洞，到殷商时代的肃慎，青铜时期的西团山，两汉的夫餘国、高句丽，唐代的渤海涑州……直到明清的乌拉街、造船厂、阿什哈达摩崖石刻，近现代的丰满大坝，似一幅幅历史的画卷跃动在眼前，让人惊叹、感慨。明代的阿什哈达摩崖石刻虽然是吉林历史中的沧海一粟，但它直接关系到吉林市“小乌拉”和“船厂”名称的由来，完成吉林市由“大乌拉”到“小乌拉”身份的转换。

阿什哈达摩崖石刻位于吉林省吉林市东南 9000 米郊区丰满区江南乡阿什村的松花江北岸的山上，凿刻于明朝初年，是吉林省内仅存的一处明代石刻。1961 年，阿什哈达摩崖被列为吉林省级文物保护单位。2006 年，阿什哈达摩崖被国务院公布为全国重点文物保护单位。

阿什哈达摩崖保护碑正面（南—北）

阿什哈达摩崖石刻并不是凭空而出，而是特定时期特定的历史产物。明洪武十年（1377 年），明太祖朱元璋在辽阳设立辽东都司，经略辽河东西各地，到明永乐九年（1411 年），明成祖朱棣为加强控制和管辖东北的女真人部落，

阿什哈达摩崖远眺（南—北）

在黑龙江增设奴儿干都司，下设多个卫所和驿站，不仅派兵遣将，还在松花江边修建船厂，制造大船，乘船直达奴儿干，再乘船往来于辽东都司和奴儿干都司，此时的松花江已成为沟通地方都司和都城北京的重要交通枢纽。据《明实录》记载：“比进中官亦失哈等，往使奴儿干等处，令都指挥刘清领军松花江造船运粮。今各官还朝，而军士未还者五百人。”这里说的是明朝皇帝经常派太监亦失哈等官员到奴儿干巡视，安抚赏赐地方女真、蒙古等部落首领，每次陪同巡行随员动辄上千人，这需要大量的船只，而他们乘坐的大船都是在松花江船厂制造的，刘清就负责监造船只，为亦失哈提供运载官兵、粮草、赏赐的物品和地方贡赋所需的船只。

遥想当年刘清率军跋山涉水，风雪无阻，饱经风霜，千里迢迢来到这人迹罕至的塞外江城，在松花江船厂兢兢业业地督造战船和运输粮草，不辞辛苦为奴儿干运送物资十余年，为记述自己的功绩，留下阿什哈达摩崖石刻碑两处。

石刻详细记述了明朝辽东都司都指挥使、钦委造船总兵官刘清于永乐十八年（1420 年）、洪熙元年（1425 年）、宣德七年（1432 年）三次奉

未修公路前的阿什哈达摩崖（南—北）

命领军至此造船运粮和两次修建龙王庙的事迹，这也是古称吉林市为“船厂”的由来。船厂作为明代造船基地，在明朝为有效管理松花江、黑龙江和乌苏里江流域及库页岛而特设的派出机构——奴儿干都司的建立和管理奠定了坚实的后勤保障基础。

“阿什哈达”满语为“沿江石壁”之意，阿什哈达摩崖共有两处摩崖文字碑，都位于松花江边。第一处碑刻于断崖绝壁中部较为突出的长方形青灰色花岗岩石之上，面北朝南，其下临江，距水面高约 10 米。此碑通高 1.35 米，宽 0.7 米，有阴刻、正书、竖写的碑文三行。虽经数百年的风雨剥蚀，字迹仍清晰可辨。中间每个字径约 12 厘米，左右字体较小，字径约 6 厘米。石刻文字如下：

甲辰　丁卯　癸丑　……

骠骑将军辽东都指挥使刘

大明永乐拾玖年岁次辛丑正月吉……记

碑文记述刘清初次来松花江督造粮船的第二年，临别前为怀念自己在这儿奋斗的一年，在绝壁上刻下：“甲辰丁卯丑。骠骑将军辽东都司都指挥使刘。大明永乐拾玖年，岁次辛丑正月吉”几行字，作为此行离别的纪念。

阿什哈达摩崖1号石刻（南—北）

阿什哈达摩崖1号石刻拓片

第二处碑刻在第一处碑刻西侧约40米山脚斜坡的一块平整黄褐色花岗岩石上，石面有一上圆下方的碑形阴纹，刻线中间高1.22米、两侧高0.8米，上宽0.61米，下宽0.62米，在刻线以内有7行竖刻文字，为阴刻、楷书。字体大小不一，多数字径为4~5厘米。由于风雨剥蚀，花岗岩面风化较重，字迹多模糊不清。经考证，刻文如下。

钦委造船总兵官骠骑将军辽东都司都指挥使刘清

永乐十八年领军至此

洪熙元年领军至此

宣德七年领军至此

本处设立龙王庙宇永乐十八年创立

宣德七年重建

宣德七年二月卅日……

碑文记述了钦委造船总兵官、骠骑将军、辽东都司都指挥使刘清分别于永乐十八年（1420年）、洪熙元年（1425年）、宣德七年（1432年）领军至此，并在山上设立龙王庙宇，永乐十八年创立，宣德七年重建。宣德七年二月三十日修完。

阿什哈达摩崖城里的吉林明清造船史陈列馆（南—北）

阿什哈达摩崖 2 号石刻（南—北）

关于两处刻石的阙文，有的学者认为第一处刻石右起第一行的阙文释读为“庙立”二字。题款的“月”字后为“日甲兵李任记”六字。第二处刻石题款“卅日”应为“廿日”，下文残字似为“庚申朔巳酉立”字样。

为加强对阿什哈达摩崖石刻的保护，1983 年在第一碑处修建一阁，曰“摩崖阁”，第二碑处修建一亭，曰“阿什亭”。今摩崖遗迹前方设有陈列室，向世人详细地阐述阿什哈达摩崖的前世今生。

阿什哈达摩崖石刻是明朝经略东北 4 块文字碑刻证石中的 2 块，另 2 块为 15 世纪初设立于黑龙江口附近特林地方的“永宁寺碑”和“重建永宁寺碑”。《中俄北京条约》签订后，沙俄于 1904 年偷偷将其运走，藏于伯力博物馆中，不以视人。因此，阿什哈达摩崖石刻不仅是明朝经略东北的历史见证，而且对于研究我国东北边疆历史，维护祖国领土主权有着重要的历史意义和现实意义。

阿什哈达摩崖石刻的存在让我们知晓在明代吉林市不仅是造船基地，也是当时明朝经略东北，沟通俄罗斯、日本的主要水上交通枢纽，当时的船只从今吉林市阿什哈达出发，运输军粮，顺江而下，直抵奴儿干，是松花江、黑龙江下游等地的海西女真和野人女真夏季进京朝贡的贡道。 清朝时期，为抵御沙俄入侵，顺治十三年（1656 年）在明代船厂的基础上设立清代吉林造船基地。阿什哈达摩崖石刻也被吉林将军长顺监修《吉林通志》时收入“金石志”，正是由于阿什哈达船厂制造的大型战船，并组建吉林水师营，不仅有力地抵御了抗击沙俄对黑龙江流域的侵扰，而且保证了清俄的雅克萨之战的胜利。

有了刘清，才有了阿什哈达摩崖石刻，有了阿什哈达摩崖石刻，才有了吉林市“船厂”的源远流长，有了“船厂”，才有了今天美丽江城——吉林市的喧嚣和繁华。白山苍苍，江水茫茫，吉林船厂和摩崖石刻唤醒我们对它们峥嵘岁月历史的记忆，一点一滴地展现在眼前，让我们追忆和缅怀阿什哈达摩崖石刻带给我们的沉甸甸的史实。

海西遗珠

叶赫部是明代海西女真扈伦四部（哈达、叶赫、辉发、乌拉）之一，明末清初政治舞台上的重要力量。该部自明宣德年间从呼兰河流域逐步南迁，至酋长祝孔革时，抵达叶赫河畔，临河而居，故名叶赫。万历四十七年（1619年），亡于建州女真努尔哈赤的第四次征伐，共有8代11位酋长，存续近200年。叶赫部地理位置险要，南通辽东，西联蒙古，北接松花江与黑龙江流域女真各部，分别与明朝、蒙古、海西女真及建州女真建立联系。部族成分复杂，祖系蒙古，改姓那拉，又与建州女真及清朝皇室缔结姻亲，不仅见证了满蒙融合过程，亦跻身满洲八大著姓之列，代产英隽，屡世簪缨，对后世影响深远。其兴也速，一度崛起为扈伦四部之首，叱咤风云，化身明末海西女真的返照回光。其亡也速，该部后人加入明清鼎革的历史洪流中，成为撼动朝野的股肱力量。

城址再现

叶赫部控制范围包括今吉林省四平市全境、辽源市及铁岭市部分地区，所辖十五部落，形成以商间府城（珊延沃赫城）、西城（夜黑寨）、东城（台柱寨）为中心的多重组织形态。东、西二城隔叶赫河相望，商间府城位于东城南侧。三城相距里许，互为犄角，共同扼守女真诸部通往开原马市的交通要道。1981年，吉林省人民政府确认其为省级文物保护单位；2006年，国务院公布其为第六批全国重点文物保护单位。

叶赫部城址地理位置分布示意图

商间府城为叶赫部最早的王城，又称珊延沃赫城，满语“珊延”意为白色，“沃赫”意为石，即白石城，因靠近白石山，故名。据称，为叶赫部酋长祝孔革第三子尼雅尼雅喀（亦称捏尼哈或捏哈）所建，尼雅尼雅喀及其子孙延柱、南太、速巴亥等人相继在此居住。城址平面呈长方形，有内城、外城之别，内城周长 620 米，外城周长 1600 米。内城两重城墙，各有西门一座。由于年代久远，加之人为破坏严重，角楼及护城壕已面目全非，无迹可寻。明朝中后期，珊延府城北 300 米处，为松花江，黑龙江和图们江流域的女真诸部经叶赫至开原的贡道，且南通辽东，北接蒙古，地理位置十分重要。叶赫部在此建城，为开原马市榷场提供驿馆和中介，从中“获居停主人”之利，迅速崛起为叶赫部早期的经济文化中心。

叶赫部城址（商间府城）（西—东）

叶赫部城址（东城内城）（西南—东北）

叶赫部城址（西城内城）（西南—东北）

随着叶赫部势力的发展壮大，又沿叶赫河，择险要之地另筑两座城池，即东、西二城。叶赫部东城位于叶赫河左岸台地之上，原称“台柱城”，为叶赫部酋长祝孔革长子台柱（又称台杵或太楚）、次子台坦柱及其子孙杨吉砮、纳林布禄、金台石等人所居。城址平面呈圆角方形，保存较为完整，外城周长 2960 米，内城周长 1040 米。1983 年文物普查中，发现城门 2 处。2014 年 11 月，为配合中国文物信息咨询中心编制《叶赫部城址文物保护规划（2015—2030）》（简称“保护规划”），专业人员对叶赫部东城进行勘探，新见东门及南门。东、西、北门外均开设形制不太规整的瓮城，附近有附属门楼建筑。古城城垣结构严谨，城内建筑布局井然，八角明楼与瓦子堂遥遥相望，排水设施与交通网络泾渭分明。

西城依自然山势修筑而成，筑有内外两道城垣，系叶赫部酋长祝孔革及其子孙清佳砮、布寨、布扬古等人所居。内城平面呈不规则椭圆形，周长 700 米，城内偏南位置有一东西向隔墙，将内城分为南北两部分。外城三面依山，一面临水，平面呈椭圆形，周长 2740 米，辟东、西二门。内城设瓮门三座、角楼四座、马面四座，居高临下，易守难攻。

三座城址体现了明代海西女真城寨修筑的主要特点，即城寨规模方面，普遍较小，内城周长仅几百米，外城或“栅木为城”，或“杂筑土石，用木植横筑之”；修筑位置方面，多选建在山区，依山而建，临水而居，易守难攻；城寨功能方面，体现了较突出的军事防御色彩，城址修筑的马面、瓮门、角楼、护城壕兼具自保与进攻功能。

叶赫部所辖城寨众多，部分城名也零星见诸史乘。《满洲实录》载，太祖努尔哈赤在万历三十二年（1604 年）收璋城、阿奇兰城等二城七寨；

9 年后，又收璋城、吉当阿城、乌苏城、雅哈城、赫尔苏城、和敦城、喀布齐赉城、鄂吉岱城，大小共 19 处。然而，除商间府城及东、西城外，其他城寨仅存名称，地望所在、城址规模等语焉不详。个别城址虽见于方志舆图，但这一时期女真诸部多以木栅为城，相对简陋，又因年代久远，破坏严重，城址踪迹全无。

近年来，为配合编制“保护规划”，四平市文物管理委员会办公室（今四平市文化遗产保护中心）相继对叶赫部境内城寨开展多次田野调查，共发现与确认叶赫部大小城址 20 余处。上述城寨的发现，为叶赫部城寨存续时间、分布特点、等级差异等研究提供了重要资料。

考古寻踪

自 20 世纪 70 年代叶赫部三座王城发现以来，文物工作者对叶赫部城址进行大量田野考古工作，但以考古调查为主。这一时期的田野工作基本上确定了叶赫部三座王城的地理位置及城址关系，解决了叶赫部王城的地点争议、兴衰沿革等问题。2014 年，为配合保护规划编制，四平市文物管理委员会办公室（今四平市文化遗产保护中心）对叶赫部三座城址及城外区域进行多次调查，并相继对叶赫部东城、西城内城部分区域及城内进行考古勘探。上述工作不仅纠正了以往对于城门的认识偏差，还进一步明确了二城城内建制与功能布局。再次确认了叶赫东城内八角明楼、瓦子堂的具体位置及基础结构。2022 年，为配合四杨公路叶赫至杨木林段改建工程，在前期调查工作基础上，对叶赫部东城保护范围和建设控制地带改建工程涉及区域进行考古发掘工作，实际发掘面积 230 平方米。

叶赫部遗址内采集及出土遗物种类相对集中，以瓷器、釉陶器、建筑构件为大宗，另在内城采集众多石杵、石臼等粮食加工工具，外城则发现众多动物骨骼。瓷器大致可分为早、晚两期：早期以永乐、宣德为主，发现数量较少。晚期则以嘉靖、万历为主，其间偶见“大明成化年制”款识器。采集瓷器较多，应为叶赫酋长所用。除大量青花瓷器外，尚见白釉、酱釉、黑釉、绿釉、蓝釉及珐琅彩瓷器残片。缸胎釉陶器则为普通百姓用器，虽制作相对粗糙，但使用程度更为普及。所见瓷器、釉陶器主要有三种渠道，一为朝贡所得，二为马市贸易，三为入边抢掠。无论具体来源如何，皆成为叶赫部与明廷交往的实物见证。

叶赫城内建筑台基之上散布青色雕纹砖、灰色布纹瓦、模印仰莲纹瓦当、莲花纹滴水等建筑构件，种类繁多，纹样丰富。众多建筑构件的发现，表明当时已有较大规模的建筑址，亦再现了昔日叶赫部的煊赫与辉煌。不仅如此，据史料记载，叶赫部城墙已采取砖砌结构。而同一时期的建州女真城址佛阿拉、赫图阿拉城并未出现此法。然而，这些建筑构件的来源却始终困扰着文物工作者。2014 年，当地文物部门在叶赫东城外东山岗上发现“虫王庙窑址”；同时，在该窑址西北一处疑似城址内，又发现窑址一处。两处窑址及附属遗物的发现，为了解叶赫部烧造业情况提供了新资料。将考古发掘与文献史料结合可知，叶赫城内建筑构件皆为叶赫部内汉人工匠自主烧造而得，不仅烧造业兴起时间较早，且在烧造水平及规模上均优于同时期女真各部。

城内采集的石杵、石臼等工具，说明该部已有农业。此外，史料记载称该部通过广顺关、镇北关购买大量耕牛、铁铧等，皆为辅证。《万历武功录》记载，万历十六年（1588 年），李成梁攻打叶赫城，卜寨、纳林布禄出城纳降，曾乞求称：“愿将军烧云梯、勿复击大砲，毋尽发我窖粮。”可知该部窖藏粮食不少，应为叶赫人平日生活所依，从侧面反映出该部农业发展水平已初具规模。该部临河而居，农牧兼收，城外发现的大量兽骨则再现了当时游牧业的发展盛况。出土的动物骨骼包括马、牛、羊、猪（家猪及野猪）、鼠、鱼等，以前三者居多。该部祖系蒙古，游牧习俗由来已久。尽管已出现农业雏形，但仍不足以支撑整个部落生存发展，故游牧业仍为该部的主要生业模式。

采集石臼

“大明年造”款青花碗底部

“寿字款”青花盘

采集石杵

缸胎酱釉碗

菊花纹青花盘

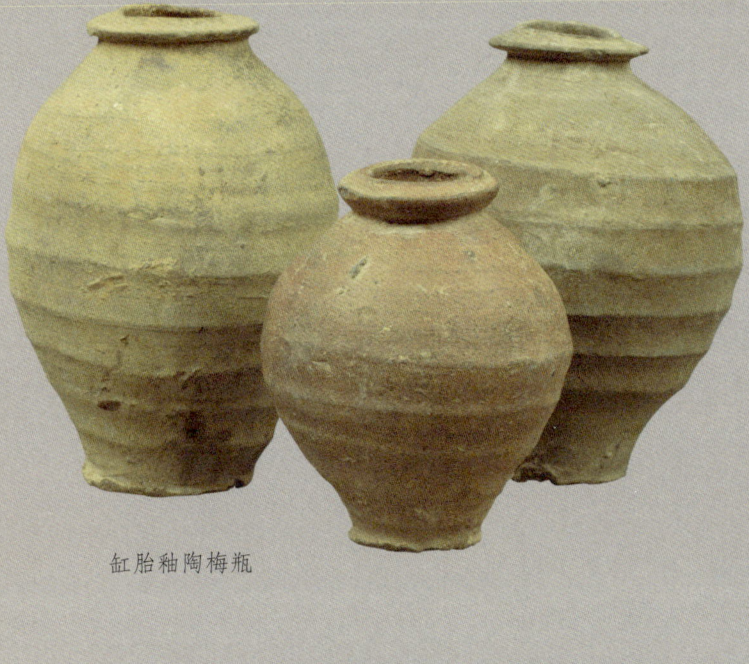

缸胎釉陶梅瓶

元朝末年，随着生产的发展，女真原始社会解体，奴隶制度逐步确立。分布在松花江流域的“海西女真”，活动在黑龙江流域的“野人女真”，居住在牡丹江、绥芬河及图们江流域的“建州女真”三部虽合力构成女真主体，但各部社会发展极不平衡。海西女真及建州女真生产力水平较高，而野人女真仍处于较为原始的状态。元末明初，各部女真开启了持续200余年的迁徙历程。海西女真从松花江流域一度向西南迁徙，并在迁徙过程中，相继形成叶赫、哈达、辉发、乌拉四个较大部落。因其名源于忽剌温江（松花江上游支流），取其音译，又称扈伦四部。

叶赫部原居于松花江北岸塔鲁木卫，该卫建于永乐四年（1406年），据《明实录》记载：“女真人头目打叶等七十人来朝，命置塔鲁木……四卫，以打拏（叶）等为指挥。”史载，叶赫部始祖为星根达尔汗，其族凭借优越的地理及自然条件逐渐壮大，一举消灭原居呼伦河流域的女真纳姓部落，移居其地，改姓纳喇。星根达尔汗身为明朝塔鲁木卫指挥佥事，按时朝贡马匹、貂皮等土产，并获朝廷赏赐衣服、锦缎等物。该职虽由朝廷任命，但无特殊情况，世代承袭。至祝孔革一代，继续率部南迁，直抵开原以北。因地近明朝朝贡与内地贸易重要关口——镇北关，叶赫部又被称为“北关”，与明广顺关外——“南关”哈达部相别。

祝孔革统率叶赫部时，扈伦四部间争夺异常激烈。是时，皆称王争长，互相战杀，甚至骨肉相残，强凌弱，众暴寡。叶赫部在诸部征战中，元气大伤，被以王台为首的哈达部击败，酋长祝孔革亦被王台叔父王忠所戮。至清佳砮、杨吉砮时，叶赫部再次雄起，筑王城，报世仇，如日中天，气势如虹。

明万历十一年（1583年），称雄海西，号令女真诸部的叶赫部欲摆脱明朝约束。因叶赫部打破明廷对海西诸部的制衡，不为明朝所容。同年十二月，明宁远伯辽东总兵李成梁巧设“市圈计”，诱杀清佳砮、杨吉砮二兄弟，追至叶赫王城城下，围城数日。五年后，李成梁夜袭叶

赫落罗寨（今辽宁省开原市莲花镇），明军趁势急进，兵临叶赫城郊，叶赫王城内死伤惨重。

与此同时，建州女真努尔哈赤实力渐兴，明朝辽东却兵力空虚。叶赫部再次在明朝羁縻政策下，获得喘息之机。万历十五年（1587 年），明巡抚顾养谦以降人为向导，攻打哈达部，革除哈达首领孟格布禄原袭“龙虎将军”称号。此后，哈达内乱，分崩离析。万历十九年（1591 年），哈达部孟格布禄除歹商，该部大势已去。有鉴于此，明廷转向支持叶赫部，该部终成扈伦四部之首。

女真诸部以强者为霸，铲除海西余部的叶赫部逐渐将剑锋指向建州女真努尔哈赤部。万历十九年（1591 年），努尔哈赤攻克长白山鸭绿江诸部，大胜回师，统治范围越发庞大。叶赫部面临劲敌，深感威胁，故遣人向努尔哈赤索要土地，欲让其归附，遭努尔哈赤严词拒绝。威逼无果，叶赫部遂联合哈达、辉发诸部，对建州女真采取武力征服。万历二十一年（1593 年），叶赫首领布寨、纳林布禄二人集合叶赫、哈达、乌拉、辉发、科尔沁等七部二卫，共 3 万人，号称“九部联军”，分三路进攻建州女真。建州女真虽兵力不济，却采取集中精锐之法，于古勒山以少胜多，力挫“九姓之师”，名声大震。叶赫部贝勒布寨被杀，伤亡惨重，以其为首的扈伦四部江河日下。

万历四十六年（1618 年），萨尔浒之战，建州女真以少胜多，全歼明军主力，叶赫部依靠明廷对抗后金的策略彻底粉碎。次年，努尔哈赤大举进攻叶赫，东城主金台石自焚殉国，西城主布扬古被迫缢死，风烛残年的叶赫部至此灭亡。

家族荣光

叶赫部虽败，属于叶赫那拉的故事却并未结束。努尔哈赤统一扈伦四部后，叶赫部除阵亡、被杀、外逃者外，全部被编入后金八旗，成为清王朝统治下满族的重要组成部分。据统计，由叶赫地方人丁组成的八旗佐领共计 45 个，这些八旗将士对于以军事立国的清王朝来说，无疑是不可忽视的力量，也是清朝政治舞台的中流砥柱。礼亲王昭梿在《啸亭杂录》中，将满族八个显赫氏族列为“满洲八大家”，凡尚主选婚，以及赏赐功臣奴仆，皆以八家为最。叶赫那拉氏位居第四，足见地位之显。

叶赫那拉家族不仅身兼满洲及蒙古血脉，还与清皇室缔结姻亲，始终在清王朝统治中占据重要地位。其后人或深居内廷，母仪天下，或身居要职，官声赫赫，或叱咤文坛，风华绝代，可谓是世代簪缨，绵延不绝。

在清代宫闱制度建立和完善过程中，叶赫那拉氏被册封为皇后者三，妃嫔者五。其中著名的叶赫那拉三皇后为：太祖孝慈高皇后、文宗孝钦显皇后（慈禧太后）、德宗孝定景皇后。

孝慈高皇后，名孟古哲哲，叶赫东城贝勒杨吉砮之女。杨吉砮慧眼独具，识人有方，将爱女许配努尔哈赤。万历十六年（1588 年），努尔哈赤亲率诸贝勒、大臣迎之，大宴成礼。孟古哲哲温柔恭顺，备受隆宠。《清史稿》曾赞曰：“庄敬聪慧，词气婉顺，得誉不喜，闻恶言愉悦不改其常。不好谄谀，不信谗绽，耳无妄听，口无妄言，不预外事，殚诚毕虑以事上。”万历二十年（1592 年），生子皇太极，即为日后的清太宗。奈何天不假年，红颜薄命，万历三十年（1602 年）九月，孝慈高皇太后病逝。努尔哈赤悲恸非常，不饮酒茹荤者逾月，越三载，方葬尼雅满山冈。

西太后慈禧，叶赫那拉家族最具代表性的人物，晚清政治舞台核心力量，辛酉政变、垂帘听政，执掌朝政大权长达 47 年之久。关于慈禧的评价，世人因出发点不同，所得结论天差地别。然而，清王朝走向下坡路的整体趋势不可无视，列强崛起、外敌入侵的政治环境难以回避，在那种大国崛起和世界分割竞争的时代中，勉强保住了大半领土的这位妇人，是否承担了过多的非议与骂名……此外，慈禧太后摒弃满汉畛域，重用汉人的包容胸襟，广开言路，认可西法的敏锐眼光，事必躬亲，视朝如恒的勤奋理政，都不应一概否定。

孝定景皇后，慈禧太后胞弟之女。光绪十四年（1888 年），被慈禧太后钦点成婚，次年被立为皇后。光绪三十四年（1908年），光绪帝与慈禧太后相继离世。依慈禧太后遗命，宣统帝即位，尊孝定景皇后为皇太后，上徽号隆裕。隆裕太后与宣统帝生父摄政王载沣一同主掌风雨飘摇的清王朝。宣统三年（1911年），以隆裕太后名义，颁布《清帝退位诏书》，大清王朝就此谢幕。虽同为太后，但后世对隆裕太后的评价多为肯定。如《大公报》记载："既非依附于帝王，亦未尝有垂帘之政绩，而独以让德高怀，召亿兆人之讴恩，曾不以国体之变迁，而稍驰其爱敬者，伊古以来，实惟前清隆裕太后。"末世运偏消，在已经注定的命运里，她不仅为清朝皇室争取一份优待，亦选择了和平的方式，完成历史交接，让无数人民免于战火。

活跃于清朝政坛、文坛的叶赫代表人物，则当数纳兰明珠与纳兰性德父子。纳兰太后政事敏达，深得康熙帝信任，官居宰辅。从政40年间，参与平定三藩、统一台湾等重大事件，抗御外敌，用兵西北，崇文重教，治河通漕。正如康熙帝亲纂《明珠谕祭碑文》所誉："鞠躬尽瘁，臣子之芳踪；赐恤报勤，国家之盛典。"纳兰明珠之子纳兰性德，字容若，清代词人。代表作《饮水词》，引得家家传唱，其词哀感顽艳，得南唐二主之遗，被王国维盛赞曰："北宋以来，一人而已。"容若对文坛的影响无须赘言，其对民族融合的努力，却往往被后世所忽略。他曾编纂大型学术著作《通志堂经解》，不仅体现了其向往汉文化的热切之心，更是其与汉族文人通力合作的心血凝结。此外，纳兰性德曾奉使塞外，觇梭龙诸羌，将该族劳苦万状，卒得要领还报，为西北各族的安定团结做出极大贡献。

往事历历，昔日的胜景与繁华均隐藏在断壁残垣之间。岁月悠悠，叶赫部后人的历史与荣光却依然口口相传。

乌拉故里

乌拉故城的前世今生

吉林市这座历史底蕴厚重的美丽城市耸立在吉林省中东部松花江畔，民间流传“先有乌拉，后有吉林”，这里说的吉林就是现在的吉林市，那乌拉又是指什么呢？乌拉是指明代海西女真人建立的扈伦四部：乌拉部、哈达部、叶赫部、辉发部，其中乌拉部族建立“乌拉国”的都城，现位于吉林市乌拉街满族镇北 250 米处的松花江冲击平原上，距吉林市正北约 35 千米，2013 年被评为全国重点文物保护单位。乌拉也写作“兀喇”本名“呼伦”，姓“纳喇”，后因居乌拉河岸故名“乌拉”。据《满洲实录》卷一诸部世系条载：“乌拉部始祖名纳齐布禄”，至八世孙不颜时，“尽收乌拉诸部，率众于乌拉河洪尼处筑城称王”。1616 年，乌拉城被建州女真努尔哈赤率军攻陷，乌拉遂亡。后清代顺治初年，“打牲乌拉”沿用明代女真乌拉部古城，设置打牲乌拉总管衙门，成为朝廷东北特产的供奉之地。

追溯历史的帷幕一经打开，那些尘封久远、荡气回肠的史事便迎面扑来。

乌拉故城呈不规则回字形，西面濒临松花江，分为内、中、外三城，城墙黄土夯筑，内城中央有一座圆角方形的高台，俗称“白花点将台”。这座高台有一个鲜为人知的传说，相传乌拉街的名称是殷商时期，为殷纣王开拓北方领土的大将恶来革音译而来，当时恶来革深受纣王喜爱，

乌拉故城全景航拍

在吉林建立乌拉国，后来纣王自焚，商朝灭亡，恶来革也被周武王所杀，其女白花公主在乌拉筑高台，誓师伐周，为父报仇。

如果传说属实，那么乌拉故城的历史可追溯到3000多年前，远远超过后期在此建城的夫餘国，以及高句丽、渤海、辽金至明清的历史。

殷商之后，乌拉旧地经历了“西团山文化”，夫餘、高句丽文化的熏陶，此地在当时的环境下并非中心地带，旧日的繁华不再。直到698年，粟末靺鞨族首领大祚荣建立“震国”，后被唐王朝赐予“渤海郡王”称号，将“震国”改号为“渤海国”，随后经过大钦茂、大武艺等几代王的开疆拓土，形成“海东盛国”，在粟末水（第二松花江在汉末至辽代称粟末水，原为靺鞨族粟末部活动的地区）沿岸，为阻契丹入侵，广筑城池，增强军事防御，在现乌拉故城以及乌拉街附近设置渤海国涑州府，此时，乌拉旧地才再次开启繁华昌盛之路。到辽天显元年（926年），辽灭渤海，涑州城遭受重创，军民皆被屠杀，古城沦为废墟。

金熙宗皇统九年（1149年），在涑州北，濒临松花江修筑城池“乌拉洪尼勒城”，即今乌拉故城。在女真语中，“乌拉洪尼勒城”即为“沿江要塞城”，至此，乌拉始见于史。金朝宗族完颜宗弼在此经营200余年，时盛时衰。到了元朝，设置“海西右丞”管辖此地，居住在此的女真人才有了“海西女真”的称谓。

明太祖朱元璋灭元后，对女真人采取招抚政策，在东北广设卫所，授予各部落首领为都督、都指挥使等官职，自行管理辖区内的百姓。永乐四年（1406年），在“乌拉洪尼勒城”设立乌拉卫。次年，乌拉部首领纳齐布禄在“洪尼勒城”建都称王，号扈伦国。嘉靖四年（1525年），纳齐布禄六世孙布颜重修加固“乌拉洪尼勒城”，拥有内城宫城和外郭城，即现今的乌拉故城的前身，此时，乌拉皇城巍峨耸立，商贾云集，热闹非凡。到布占泰为王时，乌拉国已成为东北地区女真各部中强国的佼佼者，此时的吉林市周边都在其管辖之下。随着建州女真人在努尔哈赤的带领下日渐崛起，他雄心万丈，立志统一女真各部，与海西女真四部和其余女真各部展开长达近几十年的战争，经过数次的征战和数次的和亲，到明朝万历四十一年（1613年），努尔哈赤亲率大军攻下乌拉都城，焚烧城池宫殿，屠杀百姓。至此一战，乌拉国国力消耗殆尽，已无力回天，虽然努尔哈赤看在侄女的面子上，给布占泰年幼的儿子洪匡一个机会，让他管理乌拉旧地，为朝廷提供地方特产，但洪匡一心想收复失地，重振祖宗大业，努尔哈赤得知其谋反之心，再次攻伐乌拉城，洪匡战败自杀。清廷在此设置衙府，成为朝廷后方贡献方物的后勤基地。

乌拉故城居住的八旗子弟一直被北京城的旗人亲切地称为“娘家人”，因为乌拉旧地的黑土地，松江水养育出许多美女，有些美女被选入宫成为“娘娘”，让乌拉纳喇氏名噪后宫。古往今来，英雄与美女相

乌拉故城保护标志碑

互照耀，悲壮、荣耀、惊艳的一生让乌拉纳喇氏的史话跌宕起伏，耐人寻味。

随着清王朝灭亡，民国建立，饱受战火洗礼，历经沧桑后的乌拉故城也发生相应地变化，不再是清朝八旗的封禁专享之地。汉人的大量迁入，带来了先进的生产技术和文化，朝贡之地也再次商业兴起热闹起来。

新中国成立后，在故城内城白花点将台修建革命烈士纪念碑。后来，在点将台南建乌拉街小学，2013 年，乌拉故城成为全国重点保护单位后，将学校拆迁，恢复城址原貌。

乌拉故城的考古发掘

乌拉故城位于吉林市乌拉镇北 250 米处的松花江冲击平原上，距吉林市正北约 35 千米。乌拉故城东北、西北两面近山，滔滔的松花江水紧依故城外城西墙顺流而下，故城位于吉林盆地北口和松花江要道，是沟通南北的交通枢纽，处交通、军事之要冲，自古就是兵家必争之地。

内城乌拉故城中央大型建筑台基（南—北）

乌拉故城中城东墙和护城河（南—北）

乌拉故城残存的外城城墙（西—东）

乌拉故城有内、中、外三重城垣，将故城分成了内城、中城和外城三部分，其中，内城城墙保存情况最好，中城城墙保存较好，外城城墙破坏严重，仅见东墙、北墙的部分残断墙体。

内城略呈梯形，保存较好，方向南偏东 35° 。东墙长 201 米，西墙长 250 米，南墙长 171.5 米，北墙长 163.5 米，周长 786 米，四角有角楼。现存南门为后期修建，城墙外周可见护城河残迹。内城中部有一处高台，台上矗立着一座革命烈士纪念碑。高台俗称“白花点将台”，呈圆角方形，东西长约 50 米，南北宽约 25 米。高台中心略隆起，四边稍稍倾斜，四壁较陡直。

中城呈不规则四边形，东墙长 879.4 米，南墙长 1409 米，北墙长 648.2 米，西墙残缺，周长约 3521.3 米，西墙濒临松花江，已被严重破坏，东墙、北墙保存情况较好，城墙有马面，四角有角楼。

外城仅存北墙东段和东墙北段的一部分，残存部分未见门址。外城东南城角和东北城角均呈圆弧状，西墙利用了中城的西墙，向南北延伸，而后与外城南墙、北墙相接。城墙残高 4~5 米，顶宽 1 米。东南角有疑似角楼设置。

2017 年 5 月至 6 月，为配合吉林市乌拉故城保护规划顺利实施，解决城址的始建、沿用年代及城垣结构和城内文化堆积等问题，吉林省文物考古研究所会同吉林市文物处对乌拉故城内城北墙、中城东墙、外城东墙和内城白花点将台局部进行考古试掘，并对城内外部分区域进行考古勘探，以期最大限度地了解城址的基本结构和文化内涵。

白花点将台位于内城中部偏东，现高出地表约 10 米，其上有近现代建造的革命烈士纪念碑 1 座，纪念碑周边是水泥铺设的路面，并种植四季常青的松柏。早在清朝康熙年间二十九年（1690 年），在白花点将台上建三霄殿，又称“娘娘庙”，后毁于战火。解剖白花点将台，还发现“娘娘庙”残留的墙基。

现存白花点将台的台芯高约 6.5 米，台芯内部为灰黄色土夯筑而成，夯筑密实坚固，台芯外立面直边近 90 度，自上而下按层整齐垒砌方形花岗岩石块，石块大小不一，上下两层石块之间密实地插入具有拉结作用的纫木，用以加增台芯的稳定性，现纫木皆已腐朽，仅残留痕迹。石块、纫木之间用灰黄色黏土填实，石层外侧整体涂抹黄褐色草拌泥，厚约 10 厘米，用以填补石块缝隙并加固台芯。石层之下为范围较大的夯土基座，土色呈灰黑色，土质坚硬紧密，夯层明显，厚约 2.3 米。夯土基座可见明显的直边基槽，槽深约 25 厘米。

夯土基座位于台芯石层之下，分布范围较大，石层边缘距夯土基座边缘约 13 米。夯土土色除最底层夹杂红褐色土外，其余多呈灰黑色，土质坚硬紧密，夯层明显，整体厚约 2.3 米。底层夯土较不规整，呈坡状分布，其上夯层渐趋规整，呈平面分布。基座出土遗物包含辽金黄白色陶瓷片和渤海时期的陶器残片。

内城城墙的构筑方式主要有两大部分，一是城墙的北侧是在生土上直接分层夯筑起建，二是城墙南侧借助早期已有的遗迹，未加扰动，将其直接作为墙体的一部分，待到北侧新建墙体基本与南侧残余遗迹等平后，再整体向上夯筑。城墙夯层明显，厚薄不一，夯层间无纫木。城墙

乌拉故城内城“白花点将台”解剖工作场景（北—南）

残高 5.38 米，底宽大于 6.28 米。北侧城墙下部连接内城壕，壕深约 1.98 米。

乌拉故城中城东城墙保存较好，现存城垣高出地表约 6 米，轮廓清晰，城垣东侧可见低于地表的城壕，西侧现为平整的耕地。城墙之上种植有较多树木，沿东墙行走，可见城垣向东延伸的多处马面。城墙整体夯筑而成，上窄下宽，底部宽约 16 米，顶部宽约 3 米，高约 7 米。城墙无基槽，对当时地表平整处理后，在其上始建城墙，城墙内侧呈阶梯状夯筑，外侧较陡直，呈斜直壁状，夯层明显，多为黄褐色和灰白色夯土，夯层薄厚不一，两层夯层间夹有粗细不一的纫木，仅留存有纫木腐烂痕迹，铺设方向与城墙垂直。近城墙底部有补夯迹象，补夯部分为黄色夯土，夹杂有细小砂石。城墙主体夯层高度约 5.8 米，现存主墙体顶宽约 3.8 米，底宽约 17 米。主墙体之上叠压一层厚约 2 米的灰黑色覆土，自上而下呈坡状覆盖在城墙内侧，土质较夯土疏松，掺杂有大量细小砂石。城墙内侧主墙体下发现一处灰坑，灰黑色和灰白色填土，受构筑主墙体夯砸的影响，坑内填土较密实、紧凑，能够看见不同填土的堆积层次，填土夹杂较大碎石和红烧土以及渤海国时期残留的遗物。

现存乌拉故城外城的东墙破坏比较严重，留存相对较完整的城墙不多，城墙上长满灌木、树、杂草等植被。城墙东侧城壕已被当地居民填平变成菜园。城墙剖面东低西高，城墙起建层东侧较西侧约低 2.1 米。东西两侧构筑城墙的方式不同，东侧有基槽，西侧无基槽。东侧起建时在当时地表向下挖基槽，基槽打破生土沙层，然后在基槽内用黄褐色和灰褐色土分层夯实，待与西侧高度一致时，再整体向上夯筑城墙。城墙剖面夯层较明显，夯层厚薄不一，夯层之间无纫木。城墙东侧坡度较陡，西侧坡度较缓，城墙墙体的整体宽度随着墙体的增高而逐渐变窄。

2017 年之前，乌拉故城虽未做过考古发掘，但城里城外也出土过较多的文物，如六弧飞仙镜、双鲤鱼镜、海兽葡萄纹镜等十余面唐、宋、辽金典型的铜镜。还有铜佛造像、铜玲、玉带扣，以及宋代的“崇宁通

宝”“崇宁重宝”铜钱等。还出土了一件明代重要文物：刻有“万历癸未六月日”字款的铜火铳。故城内外地面还采集到轮制陶片、布纹板瓦、浮印圆圈的青砖、莲花纹瓦当等。2017 年考古发掘出土的遗物也包括唐朝渤海早期的靺鞨罐残片，中后期典型的生活使用的陶器残片，辽金时期典型的黄白釉陶、青灰陶，还有明朝的青花瓷片，以及民国的灰陶，这些出土的器物虽然没有完整的陶器资料，但这些承载历史的残砖断瓦、残碎陶片是乌拉部都城历史较重要的实物，能让我们想象出当时乌拉故城百年的繁华与喧嚣。

乌拉故城外城墙解剖沟（西—东）

明朝末年，女真部落占据东北，分散居住，各自为政，主要为建州女真、海西女真和野人女真三大部落，乌拉部是海西女真四大部落之一，居住在松花江中游，自 1407 年建国到 1613 年灭亡，正逢女真各部落相互兼并，战争风起云涌之际，乌拉部亦卷入其中。乌拉故城作为国都，位置极为重要，其安危存亡事关部落兴衰，不仅将都城修筑得固若金汤，而且在其周边及交通要道也依山筑城，因江而池，呈辐射状修建了若干军事戍卫城堡，形成南北东西连环互应之势，层层拱卫京都。但历史的车轮一往直前，乌拉故城以及乌拉部都将沉淀在历史的长河中，仅留下一段自己部落从兴起到灭亡，不卑不亢的特殊时代记忆，承载着自己过去百年间的历史，见证了女真人走向统一的历史进程。乌拉故城不仅具有多时期的珍贵历史价值，同时作为现存保存完整的遗址本身，更具有唤醒历史记忆的研学教育及旅游价值。

古城斜阳，松江流淌，眼前的残垣断壁与村庄日夜守望，构成一幅生动的时光图景。 烟尘不朽，诗意盎然。那些荒城飞野雉，金笳已罢吹的遥远记忆，在岁月的年轮里，乌拉故城的古往今来愈加清晰壮丽。

清朝贡路

明清时期，海禁、锁国、蒙古各部的动乱使延续了数千年的丝绸之路凋零没落，清朝对东北的封禁加重了吉林境内文明的断裂。清代驿路交通与明代有着承启的关系。清代东北驿路交通在发挥政治军事通信联络、交通运转作用的同时，也联络了东北亚各区域之间的经济、文化交流。清代吉林地区的驿站驿道比较单一，以吉林市为中心，可分为东线、西线、北线。

按照 1886 年吴大澂《皇华纪程》所记，东线、西线实际上是一条道路。这条道路起自盛京（今沈阳），向东北沿铁岭、开原、威远堡、叶赫一线，穿过现在四平二龙河水库淹没的河谷地带，经过小孤山、大孤山、伊丹、双阳，跨过饮马河，进入吉林市境内，经过伊勒门驿站、岔路河、一拉溪、搜登驿站、大绥河，折向东南，翻越老爷岭、欢喜岭，进入吉林城。出吉林城向东北，渡过松花江是尼什哈站，继续向东过江密峰、额赫穆驿站，翻越老爷岭山脉，到达拉法驿站（蛟河市新站镇和拉法街道），继续向东经过苦不了河、额勒赫、桦树林子，到达退抟驿站（蛟河市前进乡），继续向东沿着现在保存最为完好的古驿道穿过前进古城，翻越张广才岭，到达敦化境内的额穆赫站，继续向前北折可达宁古塔（今黑龙江省宁安市），这是最早驿道的主干线；后期增设支线，即折向东南方向经过安图、延吉、图们，直达珲春，吴大澂当年走的就是这条线路。实际上，在吴大澂之前的 200 多年前，1682 年康熙东巡吉林乌拉时，所走的就是这条线路中盛京至吉林段，这条路古已有之，即便是清朝封禁，亦未改变。

西线是连接盛京和吉林乌拉的驿道，长约 800 米，在清代是东北地区最重要的官道，吉林将军与盛京将军之间公务往来、打牲乌拉去往北京运送贡品等都须经此路。

清代吉林驿路图

打牲乌拉的缘起

明万历年间，海西女真扈伦四部之一的乌拉部逐渐强大，称霸于吉林地区。万历四十一年（1613 年），崛起于建州女真的清太祖努尔哈赤决战乌拉部，大获全胜，从此奠定了统一东北地区女真部落的基础。满清入主中原，迁都北京后，在乌拉部旧地设置“打牲乌拉总管署”。今日的吉林市乌拉街满族镇就是明朝海西女真乌拉部及清朝四大贡品基地之一的打牲乌拉的所在地。

没形成总管衙门的时候，打牲（乌拉）实际是朝廷内部的一个组织机构，主要从事收集、采集特殊土特产品。设置总管衙门以后，由京都内务府直接管辖，顺治十四年（1657 年）总管为六品，顺治十八年（1661 年）升为四品，康熙三十七年（1698 年）升为正三品。

打牲乌拉进贡什么？

直至顺治十四年（1657 年），清政府在乌拉地区设打牲乌拉总管衙门，领有 22 处采贡山场和 64 处采珠河口，专事打牲采捕进贡。最远达黑龙江、乌苏里江流域，遍布今天的吉林、黑龙江两省。打牲乌拉总管衙门已经成为清王朝大后方的“聚宝盆”。

1. 东珠

东珠产于我国东北的天然淡水珍珠，满语称“塔娜”。《吉林外纪》记载：“盛京以东各河蛤蚌皆产珠，惟吉林、黑龙江界内松花江、嫩江、艾珲（瑷珲）各江河产者最佳。”清代，东珠是极为珍贵的贡品，东珠

金镶东珠点翠簪

要达到贡品的规格必须到八分以上，采捕权被清朝皇室垄断。乾隆皇帝曾作御制诗《东珠》，称“王公等冠顶饰之，以多少分等秩，昭宝贵焉”。

因其天然稀有，在诸多贡品中，常常直接呈给清王朝的统治者，成为象征王公贵族等级的标志。《打牲乌拉志典全书》中，记载了有关采捕东珠的相关事宜：查采捕东珠，历年报明吉林将军奏请训示，如奉旨捕珠，应用大船 7 只，向由吉省船营拨领，其小威虎共计 399 只，系本衙门派役赴上江、浑法、土山、冷风口等处砍造。内除协领衙门威虎 40 只，该衙门自行砍造备办外，本衙门应净备捕珠威虎 359 只，铁锅 359 口……正因如此，常年过度捕捞，导致松花江、嫩江和乌苏里江流域的东珠几近灭绝。今日大多数的东珠，只能在昔日象征清朝贵族的服饰中闪烁出璀璨的光芒。

这里的船营就是今吉林市，威虎出自满语，是独木小舟之意，足见打牲乌拉总管衙门的规模之大。清代吉林船厂的确切地址，据《吉林通志》记载，在吉林西门外，松花江北岸，东西 159 丈 6 尺，南北 80 丈，凡水师制造船舰均在此厂，黑龙江船舰亦寄此制造。考吉林西门外，即今临江门外船营街沿江一带。其地东接头道码头，西连温德河口，以营造船舰而名船营。船营在西门外头道码头，旧有杉板槽子船数十艘由两省水师管理，打桦皮及采珠时用之。

2. 贡鱼

仅次于东珠的第二大宗朝贡项目。打牲乌拉总管衙门采捕地区河流密布，贡鱼种类繁多并且用途不一。

鳇鱼为鲟科，与鲟相似。身长可达 5 米，重约 2000 斤，是打牲乌拉的主要贡品。在清王朝眼中既是珍品也是圣品。首先被用于祭祀典礼，其次才是供贵族食用。为了采捕鳇鱼，打牲乌拉总管衙门专门制定了有关“采捕定例”。每年一到冬季就委派官吏、打牲丁到鳇鱼圈捕打挂冰泡鱼。所谓的“鳇鱼圈”就是养鳇鱼的地方。

舒兰鳇鱼圈
低空正摄影

据《永吉县志》记载：每岁秋，渔人傍江凿池蓄鱼。池中立木为栅，距离不盈寸。引活水与江通流，而鱼不得过。近亦有编柳为坝，坝口永闸防鱼外溢者皆谓之鱼圈。圈之大者十余丈，小或五六丈。所捕之鱼悉置圈中，乃登记其各色数目。

300 余年后的今天，在松花江沿岸有许多地方仍叫“鳇鱼圈”。鳇鱼圈位于吉林省舒兰市法特镇黄鱼村。这个小小的村庄，曾经因为鳇鱼圈的存在，在清朝时期鼎盛一时。即使今天在村子里，还能随处可见保存较好的清末民宅，环绕在月牙形的鳇鱼圈周边。清代当年就是为皇室圈养鳇鱼的一个鱼池。现在舒兰整个鳇鱼圈面积约 1.5 万平方米，呈月牙形，四周为黄土叠筑而成。鳇鱼每到开春的时候从大海逆游到松花江里来产卵。专门负责捕捞鳇渔的渔丁就将鳇鱼捕捞上来。但是夏季炎热，运到京城路途又遥远，所以极容易腐败变质，之后人们便把鳇鱼从松花江捕捞上来放到鱼圈里圈养。然后，入冬的时候，再将鳇鱼捕捞上来泼上水，冻成冰，再缠上黄布带，运往京城，供皇族食用。《康熙起居录》上记载，康熙两次东巡，都要到法特来观看捕捞鳇鱼。康熙二十一年（1682 年），因天公不作美，康熙到吉林之后没有如愿到达法特，康熙三十七年（1698 年），然后奔九台其塔木过江，来到法特住了四日，亲自到松花江上观看捕捞鳇鱼的过程，当时在松花江上一网打上来 14000 余斤，康熙将鱼分发给各位官兵。康熙东巡亲自下网捕鱼，并把捕到的鱼赠予众臣民，成为佳话。到乾隆东巡时，也曾著有诗《鲟鳇鱼》。鳇鱼圈始建于清康熙初年，据传鳇鱼圈深丈有余，周长 500 米，全用花岗岩岩石筑成，用砂石铺底，呈椭圆形，圈堤周围榆柳环绕，并配有晾网地。

史料中的记载，无论是规模数量，还是皇室参与程度，都足以体现采捕鳇鱼在打牲乌拉总管衙门事务中所占据的重要地位，而背后支撑这一切顺利进行的，是众多附属机构和设施。据光绪十年（1884 年）出版的《打牲乌拉志典全书》记载：“荡捕鲟鳇鱼每年四、五月，派骁骑校一员、委官一员、领催二名，用肥大眼网八块，两块一练合为一块，顺车横荡，获鱼入圈。时任乌拉总管向皇帝建议修个鳇鱼圈，解决不能运输的问题，把捕到的鱼先养起来。皇帝准奏，就在距乌拉街 100 里的松花江处修了一个鳇鱼圈，为了妥善保管鱼具，又在乌拉街北 12 里的江对岸修建了一座打鱼楼。”打渔楼里就是当年看管鱼圈的打牲丁的住宿处和存放渔具的地方。

“为贡鲟鳇筑一楼，临江晓起景偏幽。网堆舵尾鱼翁睡，月隐林梢兔魄收。水扑朝烟笼四角，山含晨气阔中流。任他波浪兼天涌，我在齐云最上头。”这是清代打牲乌拉采珠镶蓝旗恩贡生富森所著的古诗乌拉八景之一《鱼楼晓景》。

在今吉林市昌邑区土城子乡渔楼村，就曾经矗立过打牲乌拉总管衙门的一座打渔楼。地处松花江的二级台地离松花江很近。

当时清朝每年需要向内务府进贡鲟鳇鱼二十尾，春天十尾，入冬十

德惠贡江碑
1887年，为解决打牲乌拉总管衙门与前郭尔罗斯蒙古公因捕鱼垦荒引起的纠纷而设立

尾。按照史料记载，这个鱼需要上千斤，体长过丈。打这么大的鱼，需要的网也是非常结实耐用的，且需要用非常大的那种船只。即使是这样，在打捞过程中，渔网的破损、船只的损坏还是无法避免。当时修建打渔楼，既是存放这些器具，也是为了在休渔期修补这些器具，尤其是渔网和船只的维修。由于采捕鳇鱼在打牲乌拉事务中占据重要位置，因此，打渔楼的一切事宜也被当作重要事务来处理，仅在地理位置的选择上就能体现一二。在松花江发水的时候，一级台地是会被淹没的。所以打渔楼选择建在二级台地上，是从安全角度考虑。在洪泛区的船只能到这个位置，所以从运输来讲，比较方便。打渔楼正前方，应该是当时打牲乌拉衙门所在的位置（现乌拉街），距离这儿也不是很远。一个江东侧，一个江西侧，选择这里与衙门之间沟通也是比较方便的。

随着岁月的流逝，昔日的打渔楼早已长烟消散，成为今日农田之下的碎瓦残砖。据《永吉县文物志》记载，20 世纪 60 年代，打渔楼曾屡遭破坏，荡然无存。

据清光绪年间出版的《打牲乌拉地方乡土志》载："旧有二层渔楼一座，向为存贮本署捕打冬鱼大网，原设鱼楼三间，东、西配房各三间，门楼一座，周围土筑群墙。"复原图对它记载，它的主楼主体建筑是一个二层砖木结构的古建筑样式，东西两侧各有一个厢房，西侧厢房是用于存放渔网，东侧是看守打渔楼的人居住的房屋，前面有一个正门，而且楼上还有摆放的供桌，楼下还有香炉。通过讲述和复原图，还有现场看到的现状，能看到它的规模还是很大的。

3. 海东青

海东青是一种隼，也是满族狩猎的重要帮手，更作为贡品进献清廷。据《柳边纪略》记载："辽东皆产鹰，而宁古塔尤多。设鹰把势十八名，每年十月后，即打鹰，总以海东青为主。得鹰后，杂他鹰遣官送内务府，或朝廷大臣自取之。"

长春市九台区莽卡村渡口 乾隆诗《松花江捕鱼》石碑

勤劳智慧的村民在这片土地上世代繁衍，放鹰的传统延续至今，打牲乌拉总管衙门留下的历史遗存，对吉林地区的文化影响至今。

负责管理的打牲乌拉总管衙门

在清政府专设的朝贡机构中，统领江宁、苏州、杭州三处织造衙门中的官员都是五品，只有打牲乌拉总管为三品，可见其地位的重要，是支撑清王朝精神与物质生活的重要基地。南有江宁织造，北有打牲乌拉。南方主要是丝绸，南京的江宁织造，就是纺织、织造。主要进贡给朝廷。打牲乌拉，北方主要是皇家特产，就是一些原材料。但是当年上供的贡品，我们现在能够看到的，从文献能知道的，有 3000 多种。但是主要分为几个大的品种，一是食品，二是祭品，三是原材料。

四大朝贡衙门包括江宁、苏州、杭州，这三个地方是为清皇室提供上等丝织品的三大织造朝贡机构，而与之齐名的另一大朝贡衙门，就是位于吉林市的打牲乌拉总管衙门。

打牲乌拉总管衙门是单一的组织，专门给皇帝上贡，收集土特产品。后来上升到一个很高的地位，或者叫统治地位的一个位置。皇帝要保证龙脉内供，所以把它（清政府打牲乌拉总管衙门）的地位提得越来越高。从顺治开始，一直到康熙、乾隆，最后打牲乌拉总管衙门成为正三品。大概有三十五六任官员，在这个位置上。所以从时间上、从品级上，可以看出清朝衙门设置打牲乌拉的目的和意义，以及它的重要性。

在吉林市乌拉街镇东侧，打牲乌拉总管衙门曾坐落于此，这里也曾为乌拉街公社农机站所在地，2008 年尚存一间半残舍。据《永吉县文物志》载，衙门依照副都统衙门式样修筑，大门三间，仪门一座，川堂三间，大堂五间。川堂后，设印务

乌拉街清代建筑群——魁府全景

处五间，左设银库，更房各间。右设松子、细鳞鱼等库四间。川堂前分设采珠左、右翼八旗办事务，各五间。中置仪门一座。仪门分设东西捕鱼两翼办事房，各三间。大门为大间，门前设影壁一处。

200 多年的光阴里，官居打牲乌拉要位的人员，在这里忙碌进出，操办各色朝贡采捕事务。宽敞的院落，详尽的分区，彰显了打牲乌拉总管衙门虽在偏远一隅，但仍占据着清王朝朝贡基地的重要位置。

设置打牲乌拉总管衙门之后，当时清朝政府能够掌控各种供品、各地牲丁。当时内内外外养了将近 7 万人。这 7 万人分成各种条块、由各种组织来掌控。每个牲丁组织都有不同的工作、不同的任务、不同的性质。

无论从设置机构的品级、地位，还是从机构的规模设置来讲，均对当时清政府起到巩固统治、维护统治的作用。

乌拉街清代建筑群——魁府借山影壁

乌拉街清代建筑群——后府全貌

打牲乌拉总管宅邸的百年兴衰

光绪六年（1880年），云生被清廷任命为打牲乌拉总管衙门总管，三品翼领，在任打牲乌拉总管衙门总管期间，云生在总管衙门之后兴建了气势恢宏的宅邸——后府。其位于现在吉林市乌拉街镇永康路南，主体建筑为二进四合院，大门朝东。朱门高阁，正门外高悬“坐镇雍客”匾。花墙将前后两院隔开。前院有书房“竹林轩”，并有“西花园”。建筑的精细宏伟，显示出主人身居高位的显赫身份。

浩浩荡荡的朝贡队伍在打牲乌拉总管衙门前开启了进京上贡的征程。来自东北广大地区的大量奇珍异宝作为贡品云集于此，经统一检验登记，择吉日运往京城皇宫。这些贡品按时间可分为月贡、岁贡、万寿贡等，根据用途可分为食品、药品、祭品、装饰品等。松子、人参、东珠、鳇鱼，在众官兵的护送下最终进入紫禁城，供清王朝的皇室贵族享用。

打牲乌拉总管衙门的背后，除了清廷的天朝之姿，还有打牲丁凄惨生活的真实写照。清朝中后期，打牲丁的生活愈加困苦，社会地位每况愈下。宣统三年（1911年），随着清王朝的灭亡，“打牲乌拉总管衙门”与“乌拉协领衙门”两署一并裁撤，合为“旗务承办处”。至此，存续200余年的打牲乌拉总管衙门结束了采捕朝贡的生涯。

1958年后，这里变为农机修造厂东院。1982年，其被永吉县人民政府列为县级文物保护单位。2001年，吉林市人民政府公布其为市级文

乌拉街清代建筑群——萨府

乌拉街清代建筑群——清真寺大殿正面

打牲乌拉进贡蜂蜜文书（由抚松县地方志馆提供）

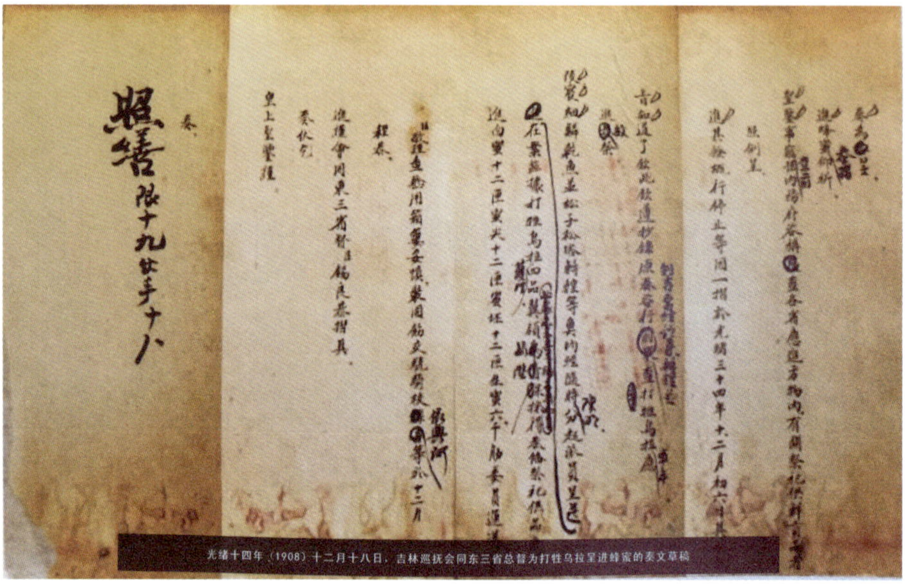

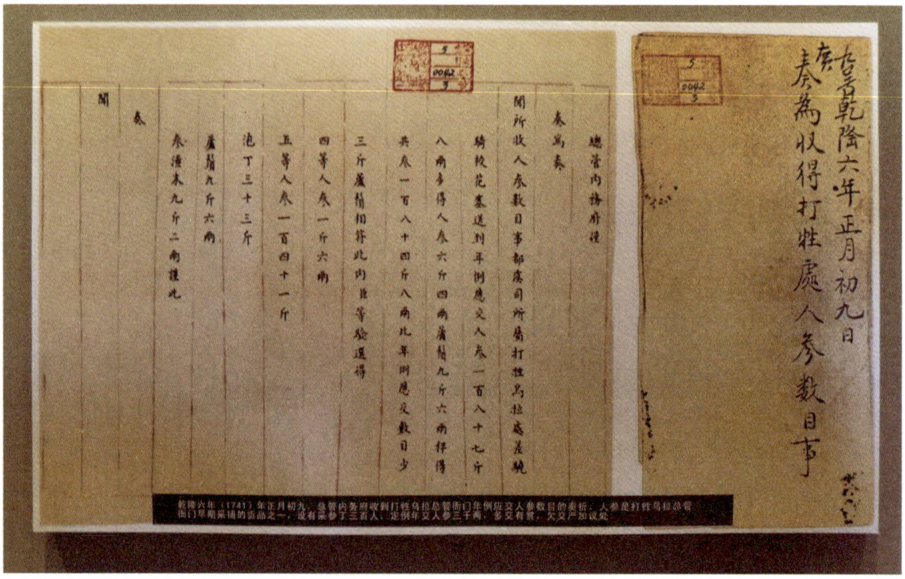

打牲乌拉进贡人参文书（由抚松县地方志馆提供）

打牲乌拉进贡松子文书（由抚松县地方志馆提供）

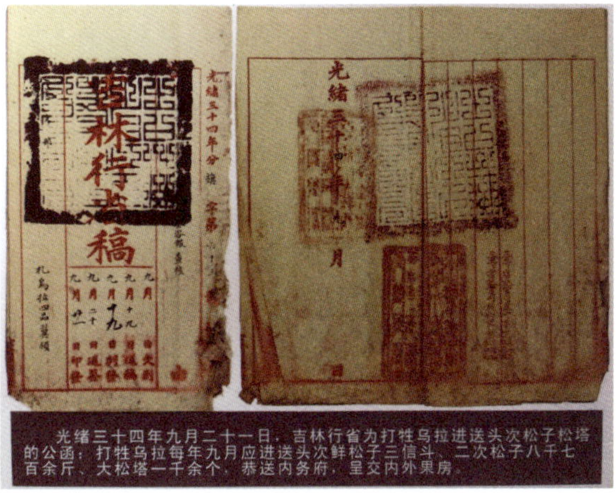

物保护单位。2007 年 5 月 31 日，吉林省人民政府公布其为吉林省文物保护单位。2013 年 3 月 5 日，国务院公布其为第七批全国重点文物保护单位。

清朝贡路的发展与废弃，是国家发展的需要、时代进步的体现。清朝廷之所以不遗余力地经营这条陆路交通线，除其具有传送文报、转运贡品和赏赐、运送公差等作用外，更重要的在于其具有转运军需的军事意义。清初统治者重视商业的发展，这就自然促进了内地与边疆地区物品的交流和东北地区经济的发展。清代内地与东北地区经济交流主要以进贡与赏赐的形式表现出来。蜂蜜、鳇鱼、野猪、鹿尾、貂皮、松子、人参等是东北地区，特别是黑龙江、吉林将军辖区的著名特产，是清代的重要贡品。皇帝在接受贡品的同时，往往要给予超过纳贡物品价值的回赐。这些物品的交换，就是贡赏贸易的结果。边疆少数民族向清王朝政府进贡，清王朝再进行贡赏，不但具有加强民族团结的社会功能，还有利于维护边疆安定和领土完整；促进周边与内地的经贸文化交流与共同发展；使得“借贡兴贩”在封禁的情况下，依旧推动着商业贸易发展。

今天，行走在这条“贡路”上，人们徜徉其中，倾听古今交响，感受这片土地曾经的兴衰与繁华。

森林侵略

老黑河遗址位于长白山南麓老黑河沿岸的密林深处，是一处反映日本帝国主义对我国东北地区林业资源大肆掠夺的罪证遗址群。那么，日本人是怎么来到这片密林的？对这片土地又做了什么残酷剥削？建造这样一群建筑又是为了什么？今天，让我们一起探索老黑河的故事！

院落、房子和厨房

2019 年 6 月 12 日，池南区漫江镇老黑河沿岸，老兵陈文序像往常一样和伙伴进山采野菜，这次他走得比往常深一些。东北的黑森林进入以后就算是白天，也会有不知昼夜的错觉，视野受限极大，平时很少有人进入。“那天，我带着两个小伙子到山上摘山野菜，走着走着忽然看见一口井，我拿着一个杆子试了试，发现挺深的，虽然水面上树枝树叶挺多，但扒拉开一看水还挺清澈。我想有井就有人，于是就往山上去。”陈文序眯着眼，回忆着发现老黑河遗址的情形，“……沿着山坡爬，没爬多远，就看见了石头城墙，经验告诉我这里可能是个工事，于是我们就连跑带颠儿地下来了，赶紧去池南区管委会报告。”管委会的领导到现场查看以后认为这个遗址不同寻常，立即上报吉林省文旅厅。文旅厅派来的考古专家经过踏勘，发现老黑河遗址远不是一口井、一个工事那么简单。

长白山密林发现秘密工事的消息传遍了整个漫江，村民们纷纷向考古队提供线索和猜想。有经常跑山的村民说，以前老一辈跑山的曾经被日本侵略者抓到深山做劳工，伐木头，但不知道具体在哪里伐，猜测会不会是日本侵略者的伐木场。池南区有些搞历史的学者找到曾经抗联二军在此活动过的文献，认为可能是抗联的密营根据地。一时间，“工事”的性质成了村民关心的话题。

究竟是日本侵略者的伐木场还是抗联战士的密营根据地？揣着这个问题，考古队紧锣密鼓地开始了调查和发掘工作。调查发现，老黑河沿岸台地东西向约 15 万平方米域内主要有两类遗存：一类是抗联活动的地窨子遗存，发现较少，仅两处，形制简陋、疏散和隐秘，同红石砬子地窨子形制接近，无遗物，应该与抗联等中国人民英勇抗击日本侵略者活动有关；另一类是东北沦陷时期掠夺我国林木资源的警备综合设施，发现带有围墙的大型院落 2 处、大小房址 30 余座、碉堡数处以及石墙、道路、壕沟、水井等多处遗迹，发现印有“满洲国专卖总局”的汽油桶等遗物，遗址南部有铁路贯穿，外围发现有五道沟森林铁路系统。初步判断遗址主体应为抗日战争时期遗存，是抗日战争时期大型的有军事性质的特殊遗址。该遗址布防严密，系长白山地区乃至全国保存最为完整

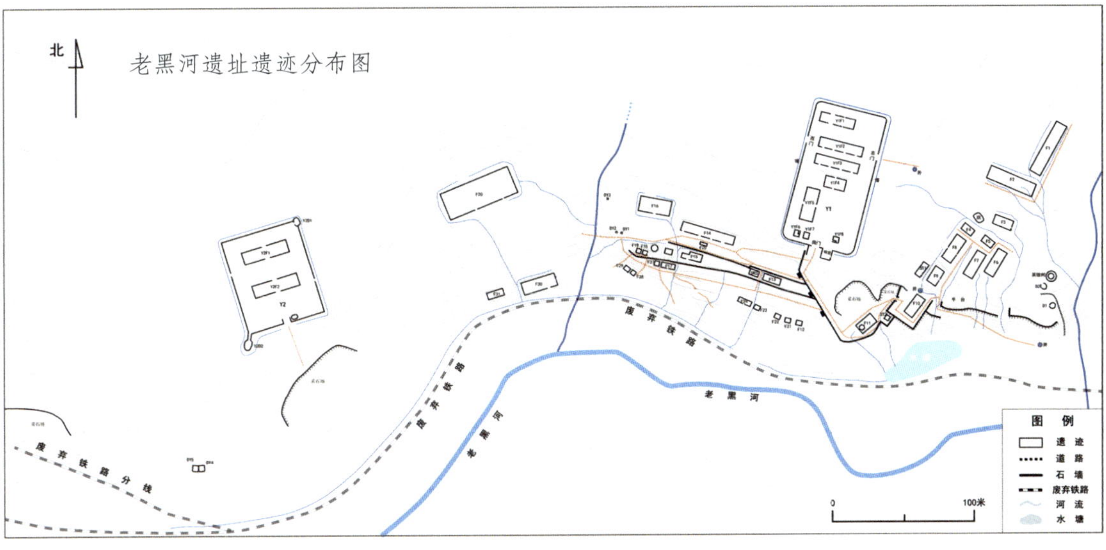

的、规模最大的、罕见的抗日战争时期特殊遗址。

经过一年的工作，老黑河遗址的样貌逐渐清晰。

遗址的核心是一个长方形的院子，位于遗址的东边，占地面积约7000平方米。四周有石砌围墙，围墙外还有一圈壕沟。院子在南墙、东墙和西墙各开了一个门，其中南门外有石砌护墙的道路直通山下，东边还有一个警戒放哨用的暗堡。院落内部有多座大型房址，防御设施齐备。考古队在这里发现了钢笔等与办公文书相关的遗物，推测可能与文献记载中的警备兵宿、办公处相关。

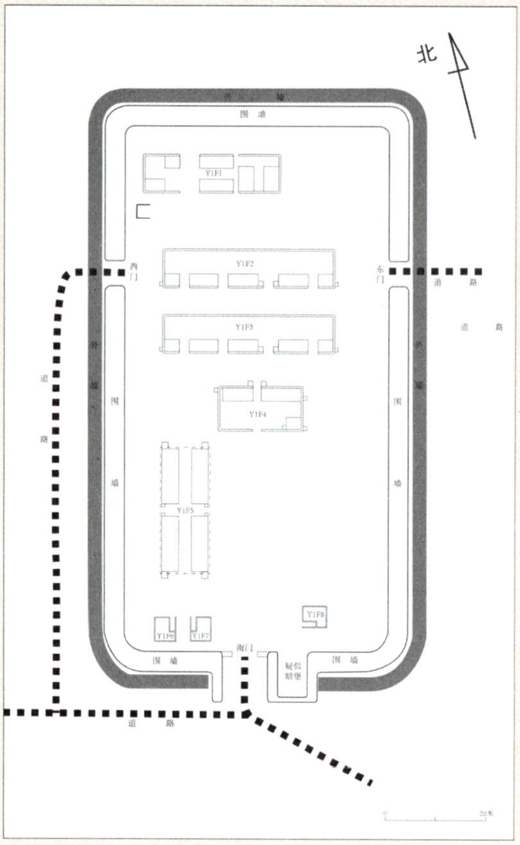

院落 1 遗迹平面图

遗址的西边还有一个院子，建筑形制类似于核心院落，只不过这个院子要小一些，大概有半个足球场那么大。它的特殊之处在于，院子的东北角和西南角各有一个椭圆形的碉堡，其中西南角的碉堡保存较好，还能看见射击孔和木质门楣 。院子里还有两处带火炕的房址，南门口也有一个门卫房，另外在院子四周布满了铁丝网。这些线索都指向了这个院子特有的警备属性，结合文献推测可能是警卫队驻所。

老黑河除有办公、警备的大院子外，还有各种供人居住的大房子，每个大房子的功能和性质都不同，有关押劳工的劳工房、就餐的大食堂，还有铁路工人居住的房子。

10 号大房子是劳工房，所谓劳工房就是采伐木材的劳工居住的房子，他们在这里没有人身自由、居住环境差。整个房子有石头砌的五铺大通炕，至少可以睡 20 个人。为了防止劳工逃跑，便于管理，房子东

遗迹平面图

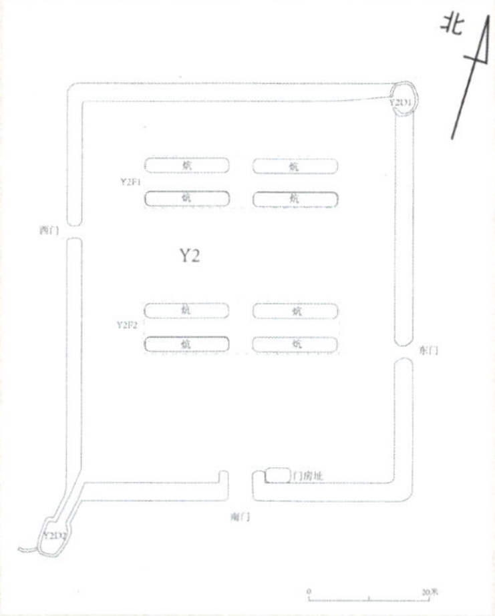

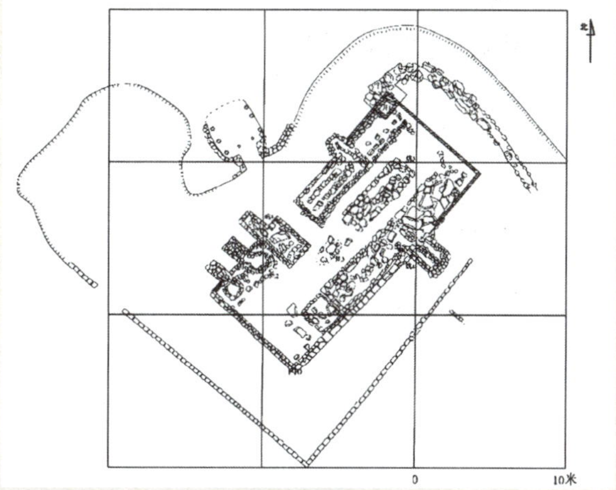

院落 1 南门木质门柱（南—北）

碉堡（南—北）

劳工房内火炕遗迹（西南—东北）

北角有个室内水井，边长约 1.1 米 ×0.6 米，目前深约 0.8 米，井口有以石垒砌的痕迹，井以下用木围护。此外，在水井西部的墙外散落着诸多的巨大石块与水井相接，应是水井的一部分，向外衔接室外排水沟。水井设置在室内的特殊构造应是考虑了长白山地区的气候环境，放置在室内从而获得一处不冻井。

此外，房子仅有一个门且向北开，而房址外的道路是向南通行的。门外有正对门道的小门房，整个大房址周围还环绕有铁丝网，这种防守森严的情况与文献记载中日伪修建的劳工房不谋而合。房址内有多铺火炕且形制不一，有明显的改建现象，可能与日本侵略者只在伐木季节驱使劳工上山有关。

20 号大房子是一个大型食堂。房内共发现 3 个大灶、6 个连体小灶，门口处还有一个火炕，有一条室内排水沟。房址内未见密集炕址，应为一处大型厨房，为驻扎在老黑河遗址的日伪军提供后勤保障。其总面积可达 700 平方米，南墙开两门，满足驻地日本侵略者饮食需求，是一处大型餐饮聚集区。通过发掘所出铁质零部件、瓷碗、啤酒瓶、剃须刀、麻将等器类来看，囊括日常修理、饮食起居及休闲娱乐，可见该房子是一处人员密集的综合性餐饮休憩场所。

铁路工人居住的房子面积偏小，只有25平方米左右，结构较为简单，室内基本是一个炕灶，因为它们紧邻废弃铁路，应与铁路运输关系密切，出土遗物除生活用具外多见与铁路相关的铁质零件、铁质手工具以及煤油灯等，推测应为铁路相关管理人员或维修工人居住房址。

平剖面图

森林特权者

为什么日本侵略者要在这么偏僻的深山运作这样一群机构？只是为了伐木吗？

长白山古称不咸山，据《山海经·大荒北经》记载：“大荒之中，有山名曰不咸，有肃慎之国。”辽金时始称长白山，因常年积雪、四季皆白而得名，并沿用至今。长白山被浩瀚的原始森林覆盖，物产充盈，野生动植物、矿藏等自然资源十分丰富。史书中也有记载，清朝历年均有松子、人参、蜂蜜、貂皮等进贡。清代长白山封禁政策以前，虽有民间盗伐木材，但仍以林副产品开发为主，1878 年解除封禁后，真正的林业经济才逐渐兴起。

木材远比林副产品的经济效益高得多，长白山以红松、杨树、椴树、水曲柳、黄菠萝等粗壮高大的优质木材为主。因此，清政府解除封禁以后，设立吉林全省林业总局等管理机关，民国时期更是设立不少林业机构，颁布相应法律章程，以此管理和指导采伐活动。

日本在甲午战争以后就开始筹谋入侵中国，《马关条约》签订以后，虽然辽东半岛最终未落入日本侵略者之手，但日本人的狼子野心不减反增，从踏入中国领土时便着手勘探测绘，成立满铁调查课 ，并有专门的测绘兵，绘制地形地貌，调查民俗民风，记录矿藏资源等，详尽至极，将我国地理人文资源悉数调查，以备侵略之用。有资料显示，满铁的森林调查报告中，不仅包括森林树种的构成、标准高度、混交林混淆度、树龄、经济价值、森林蓄积量，还包括林地的土壤、地中温度和土层状况的调查。对于长白山的林木资源，日本侵略者自然不会放过，通过详尽调查抢得了开发的先机，开始不断蚕食东北林权。

东北地区当时除了日本，还有俄国觊觎，俄国主要获得中东铁路沿线一带森林的采伐、经营特权；日本先以《中日合办鸭绿江采木公司章程》为依据，成立名为中日“合办”、实为日方独揽的鸭绿江采木公司，随后四处开办类似“合办”公司，慢慢兼并俄人在铁路沿线的部分林场。这些“合办”公司，名义上由中日两国共同经营，实际上是日本占主导，中国木商并未获得实际的利益。

由于日俄的强势入侵，原有的林木作业体系发生了巨大变化，尤其体现在运输上。

原有伐木体系依靠木帮。木帮就是以采伐、运输林木为生计的一伙人。我们一般把这种从事某一种行业的团体或组织称为“行帮”，东北地区依托林业、矿业等自然经济催生了马帮、木帮、淘金帮、采芝帮等行帮，他们伴随清末林业经济兴起而昌盛，随着新中国成立以后林业经济国有化而逐渐消亡。

他们这批人冬天进山采伐木材，等到春天江水化冻时还要把木材放到江里运输出去，也叫“放排”。因此， 他们的活儿主要分为“山场子活儿”和“水场子活儿”两种。“山场子活儿”是指木帮们在山上把大树伐倒、打岔、拾掇、运下山；“水场子活儿”是指木帮们把山上运下的原木穿成排，放到江里流送。

堆积成山的原木想要运到山下有几种方法，一种是用称作“疙瘩套”的爬犁往山下运。将原木的一头掏上眼，串上绳索，系好吊子，然后爬犁一来，搭上一头便走。爬犁有两头牛的，也有三头牛的。两个人配合，一个在前面牵牛，一个手拿挖杠，前后左右地跑，不停地左右拨道。山势陡峭，冰雪地滑，爬犁下山时的冲力过大，牛稳不住脚，巨大的木头从上而下直贯下来，往往人死畜亡，最后连尸体都寻不着。

除了用牛拉，还有一种方式称为放“箭子车”或是“放冰沟”。是在选好的山地上修出一条雪道，然后把木头一件或几件地放下去，原木就像坐滑梯似的，一直滑到山下。这种运送方式比疙瘩爬犁要快得多，可是危险性也更大，而且要看山势是否合适。

这些运下来的原木还要穿成方便运输的木排，排穿好了，就是“放排”。古老的鸭绿江全长 790 千米，松花江全长 2039 千米，南源到下游的船厂有 640 千米。在这近千里的江水旅程上，千百年来，无数长白山的优质木材由此运出大山，走向外界。

据《长白林业志》记载：“光绪三年（1877 年），清政府在鸭绿江口大东沟口设立募税局，征收木排捐。木排在开排前必须领取排票（也就是今天的营业执照）。而且排前要树立一面旗帜，说明此排是属于某某大柜或公司、料栈。”排旗花花绿绿，各色各样。老排白天行走，夜晚择地停靠。从长白县至丹东，从前要走两个月到三个月，有时水少要隔年才能返回。

五道沟森林铁路残存枕木（东—西）

日俄进驻以后，传统的冰道、林道逐步被森林铁轨取代，这些铁路干线极大提高了运输效率，日、俄林业资本家们倚仗雄厚资本和侵略特权，享受运价降低、税收减免等优惠条件，是整个产业链的支配者。广大中国木帮、木商处于最底层，他们历尽艰难、备尝辛苦，最终不过是日俄强权索取森林特权路上的牺牲品。

老黑河的一天：天堂与地狱

某个寒冷的冬天，日本军官在办公署里接打电话、处理文书，不时向周边士兵传达命令，厨房那边三口大锅里正炖着菜，旁边还有几个厨师在紧锣密鼓地炒菜，厨房的大厅里桌椅板凳和碗筷已经摆好，几个日本高级军官在喝着酒，欢声笑语好不热闹，屋里烟气缭绕，饭香四溢。负责铁路维护的工人正行走在铁道上，不时猫下腰检查沿途轨道，叮叮当当敲击铁轨的声音渐行渐远。这天，小火车已经运送一批木材下山了。

城内道路不时有警卫队穿梭巡逻，碉堡里的士兵也保持警戒，防止抗联队伍的突然袭击。还有一部分看押伐木工进山伐木去了，这些劳工到了休息时间只能吃一些干馍，冰天雪地，饥寒交迫。伐木时，警卫队严加看管，稍有怠慢就是一顿拳脚。进了林场，就相当于进了魔窟，毫无人身自由。如果有人想要逃走，一旦被抓回来，就会遭到毒打。

吃过午饭的日本军官并不急着回到营房，开始三五成群在厨房的空桌上打起了麻将，赌注可能是几个银圆，也有可能是皮鞋、衣物，总之就这样玩到晚上，地上散落着啤酒瓶。晚上他们各自回到营房洗漱过后，再涂上雪花膏滋润一下，这里的寒风像刀子一样，稍不注意就会皲裂，这些雪花膏是日军配备的物资，很是珍贵。

劳工们回到房内，二三十人挤在一间房里，大通铺上肩膀挨着肩膀就这样睡过了一夜。一早起来又一个工友因伤病无药可治死去，两三个警卫过来拉走了工友。悲寂的氛围下如往常一样，劳工们在屋子里的井打了水烧上，用灶简单热一下馍馍就是早饭了，吃了饭带好干粮和木把头又要进山伐木去，伐好的木材还要装运到小火车上运出林区。平日里的食物多的是发了霉的苞米面、橡子面窝窝头，连土豆、白菜都算是难得一见的稀罕物。林场的工作异常繁重，收入却极低，还要遭受盘剥与克扣。劳工们就这样重复着艰苦、被奴役的日子，微薄的薪水根本不足以慰藉寒苦的心灵。

一边是夜夜笙歌、酒足饭饱，一边是衣不蔽体、食不果腹。在日本侵略者掠夺东北林业资源的资料中，无法找到历年中国劳工数量的详细资料。但“满洲劳工协会”在 1940 年 9 月末的一项调查显示，当时全东北林业拥有的劳工数为 99280 人。何其悲愤！日本侵略者就是这样欺侮着我们的同胞！

记住老黑河：痛与反抗

1936 年的一天，安图县迷魂阵密营召开了第二军领导人会议。按照上级指示，会议决定将部队改编为东北抗日联军第二军，王德泰任军长，魏拯民任政委。下辖 3 个师，兵力 2000 余人。会议决定划分三个师各自的作战区域，决定一师留在安图、敦化、桦甸一带开展游击活动。第二师在宁安、东宁、汪清一带活动，军部与第三师南下抚松、长白、临江一带，开辟南满新的游击区和根据地。

到了11月初，王德泰率领部队在临江、抚松交界处的大阳岔把两个连的伪军包围，迫使其缴械投降。随后，部队转移到了抚松、临江界的小汤河，也就是在小汤河，王德泰最终牺牲。

之前提到，除日本侵略者的林木作业建筑遗迹外，还发现了抗联时期的地窨子。结合遗址内出土的莫辛纳甘步枪子弹和汉阳造中正式步枪子弹，说明这里曾发生过激烈战斗，故有学者认为与东北抗日联军二军的活动记载相符，认为东北抗日联军曾在此区域生活战斗。不难想象，在日本侵略者的采伐团未进驻之前，长白地区活动着一批抗联将士，日本侵略者进驻以后对这些地窨子密营进行了大肆破坏，抗联武装受到一定打击。但是，碉堡防御体系的架设也反映了长白地区开展的反击与斗争给驻扎在老黑河密林深处的日本兵团造成了一定的军事威慑。

现在，可以说老黑河遗址是东北地区规模罕见的抗日战争时期遗存，通过考古调查发现采集的遗物并结合当地县志及相关史料，特别是日伪军1940年至1945年利用该遗址进行资源掠夺而留下的大量遗存，使得该遗址具有反映红色抗战及日伪军侵略的双重属性。

老黑河遗址的建筑结构和遗址形态具有典型性和独特性，属于不可多得的重要历史文化资源。对该遗址的考古发掘和保护、展示工作，具有较高的研究和存史育人价值，对进行历史文化教育、爱国主义教育、国防教育及发展红色旅游文化具有重要价值，为14年抗战提供了又一铁证，也提供了不可多得的现场教学资源，因此具有重大的历史、文化和教育意义。

日本侵略者疯狂掠夺留下了许多荒山秃岭和无林地带。对珍贵树木的集中采伐，造成了东北地区优良树种的破坏和珍贵树种的濒危，破坏了东北的植被和生态平衡。除了林木资源，煤矿、黄金、盐、铁、文物等资源均未能幸免。我们不仅要记住老黑河，在东北大地上所发生的一切都要铭记，当我们在历史长河中细数中国遭受的苦难时，必不能将此屈辱忘却！脚下的路也因此更加坚实！

1. 铁皮汽油桶
2. 道钉
3. 铁罐头盒
4. 铁轨
5. 六角螺栓螺母
6. 铜第
7. 瓷碗
8. 剃须刀
9. 雪花膏瓶
10. 麻将
11. 啤酒瓶
12. 玻璃煤油灯
13. 墨水瓶

老黑河遗址主要遗物

抗联迷踪

红石砬子抗日根据地遗址位于磐石市区西侧20千米处、磐伊公路北侧。红石砬子抗日根据地创建于1932年，是东北抗日联军诞生与成长的摇篮，是中国共产党在东北地区创建的第一块抗日游击根据地，2019年被列为全国第八批重点文物保护单位。

1931年，九一八事变后，东北地区惨遭日本帝国主义侵略，生灵涂炭，民不聊生。但这片黑土地上从不缺少抗争，万千军民纷纷站起来反抗奴役，其中有这样一批人在危难之时挺身而出，在此就是东北抗日联军。他们最先在磐石红石砬子建立起了抗日根据地，在此生活、战斗。幽静的红石砬子山区曾经写满了故事，时至今日，考古发掘将那些快被岁月抹平的红色印记进一步加深……

发现手雷

红石砬子遗址八家沟考古发掘区内。

“咱们得抓紧啊，这次发掘时间紧、任务重，大家伙手下别停……”李丹在探方边说道，作为吉林省文物考古研究所2021年红石砬子遗址考古发掘的队长，其此刻心事重重。此次为配合红石砬子抗日根据地保护与展示工程开展考古工作，时间紧迫。

“队长！这儿有东西！好像是炮弹！”一名队员高喊着，在不远处采集发现了不知名的铁器，大伙一听顿时紧张起来，李丹快步上前，小心翼翼拨开附近的土，定睛一看：好家伙！真是炮弹！随着周边虚土被取走，炮弹完整地呈现出来，大伙松了口气，这是一枚日本九一式手榴弹，这种手榴弹属于撞击触发型，即拔掉拉环安全销后还需要撞击顶端才会引爆，也就是说，不用硬物撞击顶部还算比较安全。

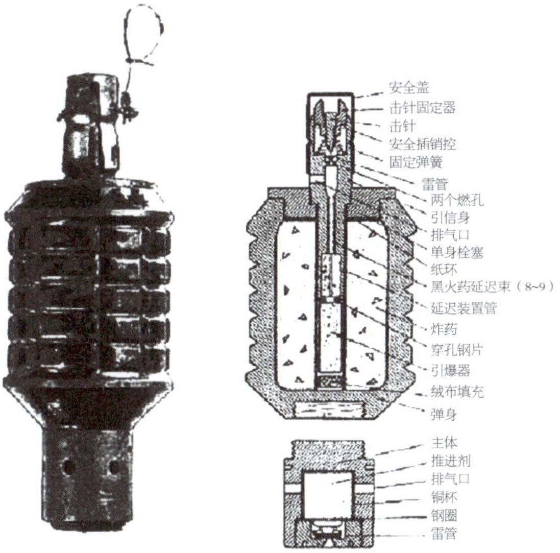

九一式手榴弹结构图解

确定了炮弹形制，李丹很犯愁，这东西埋藏这么久，里面的火药不知道还有没有效，拉环已经腐朽，稍不注意磕碰到就有可能爆炸，危险系数很高。经过讨论研究，决定由专人防护后提取、固定，专人护运，防止磕碰。这样，这件“危险品”总算暂时“安全”了，后续就涉及处理保存的问题了。

李丹连夜请教了数个军事爆破专家，得到了两个方案：一是就地销毁，二是安全处理去除火药。为了后续文物展示利用，李丹选择了后者，这期间，这枚手榴弹以软巾、棉被等包裹暂时封存在罐子里埋在了地下，等待拆弹专家前来进行安全处理。手榴弹的问题也算告一段落。

密营里能生火？

除了手榴弹，2021 年红石砬子遗址出土的还有三八式步枪残件、汉阳造步枪残件、苏式雷明顿子弹等共 246 件遗物，以铁器、铜器、瓷器为主。对红军医院、红军哨所、红军密营等 13 处重点遗迹进行挖掘，清理出密营房址 7 座、灶址 3 个、灰坑 1 个、防御墙 1 条。其中，带有火炕和灶址的房址是个非常重要的发现！为什么这么说呢？因为以往人们认为，为防止暴露目标，抗联密营里是绝不能生火做饭的，炊烟袅袅，很容易在远处就被敌人发现。这次考古发掘出的一处圆形房址内有完整

的灶坑和烟道，另一处房址也发现残存石板铺设的火炕、灶膛、烟囱和柱洞，打破了之前抗联密营不能生火的推断，也证实了抗联队伍并不都是冷餐冷食。

遍布满山的遗迹

在如此重要发现的基础上，有必要对红石砬子遗址进行全面的考古调查，以进一步明确红石砬子抗日根据地抗联遗址空间分布体系。2021年10月下旬，考古所专门派了一支3人组精干调查队，队长决定根据卫星地图以大红石砬子山为中心跑遍红石砬子山区。这一大片山林可是有大约60平方千米，一步一步每个沟谷都要踏勘，山里气温低，东北的冬天10月底可能就会有雪，到时候就不好进山了，必须抢在雨雪天气前完成调查。调查队几乎每天跑一个沟谷，红石砬子山一共16道大沟谷，每个沟谷又有各路小岔谷，最高海拔可以达到860米，每天都是一场拉力赛。

最终，在细致的调查后，经过统计，居然有2600多个遗迹！可以说遍布整个红石砬子山区，发现了房址、地窨子、平台、台地等重要遗迹，这些遗迹大致可以分为居住、警戒、集训三类，具有一定分布规律，一般谷口多见警戒性遗迹，谷内多居住、集训性遗迹。通过此次调查，红石砬子抗日根据地遗址从仅八家沟、生财沟2处，额外增加8处，扩大至周边约50平方千米。那么，这些土层、植被覆盖下的遗迹究竟原来长什么样？考古发掘将会告诉我们答案。

发掘带来的全新认知

新的一年终于来了，结合调查成果，考古队选取小姚家沟开展了全新的发掘工作，这里沟平谷阔，遗迹类型更为丰富，相较于八家沟交通也比较便利，有条旧山路可以直通遗址发掘区。这次考古队的主要任务就是搞清楚不同类型的遗迹究竟是什么样貌，它们之间具体是怎样连通运作的。

春去秋来，一个发掘季快要结束了，考古队也在丰收的季节取得了丰硕的成果。自 2022 年初开展发掘工作以来，截至目前已发掘面积约 900 平方米，已清理出 2 个地窨子、4 个石砌火炕房址、1 个台地、3 个战斗平台，遗迹主要分布于小姚家沟坡地上，大体呈东西向排列；出土陶、铁、铜、瓷、琉璃等各类材质遗物 427 件，以武器、农具、生活用具为主，集中分布在房址内及其周边。

让我们一起来看看这些遗迹都长什么样子吧。

首先是火炕房址。火炕是北方尤其是东北地区重要的取暖形式，通常用砖或石搭建，留好灶眼和烟囱后搭建烟道，再在上面平垒砖石形成炕面，最后抹上泥密封、找平，铺上席子就是一个暖和的“床”。下面这个是考古发掘出的 3 号房址，里边有南北两铺火炕，但目前只留下了烟道，炕面都损毁了。每铺炕都有一个灶，除了给炕供暖，还可以烧水，一般不会用来做饭。房子里还有一个小型窖穴，可以存储粮食和蔬菜。可以想象，冬季四五口人在这里烧火做饭、取暖，从菜窖里面取点儿土豆就可以准备晚饭了。

房址（南北向）

其次是地窨子。地窨子是东北地区常见的简易居所，这是一种地穴式或半地穴式的房子，在地面下挖圆形或方形的深坑，其上用木架搭建出屋顶结构，再披上茅草、树枝、泥土等，就可以住人了。一般地穴式较深，气压低、氧气较少，二氧化碳浓度高，多做菜窖，不住人，半地穴式则多为人居。

在古代就有地窨子，元代王祯《农书》卷二二中记载："拣一色白苎麻，水润，分成缕……以发过稀糊调细豆麪，刷过，更用油水刷之，於天气湿润时，不透风处或地窨子中，洒地令湿，经织为佳。"就是说，地窨子具有保温、窖藏功能。文学小说中也有关于地窨子的描述，其中《大刀记》开篇五就描述了一种简单的地窨子："这地窨子很简单——就着崖坡，挖了个土洞。这土洞，一半在地上，一半在地下，上边用树枝和茅草搭了个顶子。"

这次发现的地窨子都是圆形半地穴式，面积在 20 平方米左右，坐北朝南开一个门，外面墙角带有一个石砌圆形灶。引人注意的是，地窨子内壁几乎全部有烟熏痕迹，这明显是长期大量用火造成的。考古队员们仔细辨别，最终发现：室外灶与室内相通、灶对面的墙壁内有个烟囱，烟口从地面伸出。这样的话，烟熏的痕迹就解得释通了：这个地窨子采用环形火墙结构取暖，这样才会四壁都是烟灰。

再次是台地。这种台地遗存，在调查时就发现几乎普遍存在于每个沟谷的深处，它们经过人工铲削、修整一大块山体形成一个台面，四周再用石头或土加固护坡，面积都在 100 平方米以上。这次发掘了带有石圈固坡的台地，面积 200 平方米，距离火炕房子约 50 米的谷内阶地上。这样的平整台地应该是集合、操练的绝佳场地，由于沟谷内几乎没有大面积的平地，军队整合需求亟须解决，因此这样的台地遗存普遍存在就不奇怪了。

地窨子（东西向）

大型台地（南北向）

最后是平台。这种平台实际是一种战斗工事，沿着坡面呈阶梯状向山顶延伸，有士兵在谷口、山嘴把守、警卫。工事由背坡、壕沟、掩体组成，大小形制相近，建筑方式均为下挖山体形成长弧形壕沟，而后就近向坡下堆土形成掩体，可以作为简易的单兵掩体使用。

单兵掩体也叫散兵坑，是单兵射击和掩蔽用的不加掩盖的对单兵起防护作用的环型防护工事。现代战争中的散兵坑规制多样，根据作战姿势不同分为跪姿、卧姿和站姿，是应对炮弹袭击的绝佳防护方式。后来发展成战壕，交战方处于对峙状态时，掘土成壕，可以防止从正面袭击过来的子弹和炮弹。现代战争意义上的战壕最早大规模应用在第一次世界大战期间，战壕的出现使原来的步兵对冲变成了对峙，一方的步兵一旦冲入战壕防线，便会因为机枪、迫击炮、步枪、铁丝网的四重攻击而遭受毁灭性的打击。这两者都是阵地战的产物。

很显然，红石砬子遗址发掘的战斗平台和现代战争意义上的单兵掩体差别还是很大的，没有那么烦琐的形制和设计，它只是一种在坡面简单修建的简易防护掩体，结构虽然简单，但隐蔽性高、视野好，便于观察，呈阶梯状交错分布，也有助于战斗失利后的及时撤退，可以在有限的条件下，最大可能地获取山下情报、保存有生力量，是抗联战士利用自然环境优势的斗争智慧。

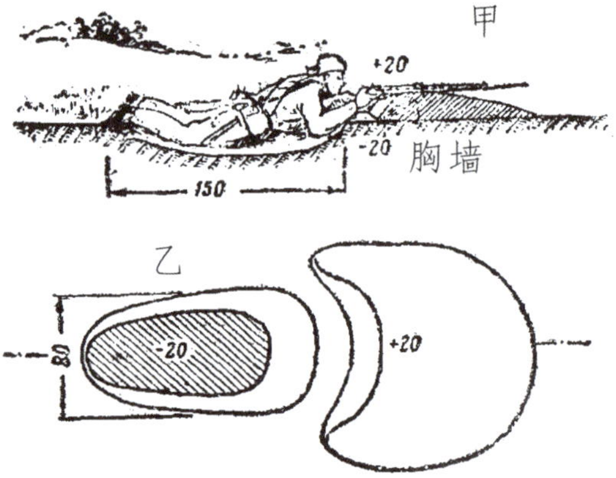

卧式掩体结构图

平台 1（东北—西南）

初具系统的军事根据地

根据上面介绍的几种遗迹，可以想象出，在小姚家沟内，谷口分布的地窨子岗哨、战斗平台驻扎着一个小分队进行初步预警和小范围反击，其他抗联战士们在根据地内生产、生活，积极巩固和扩大根据地，谷内高坡、山嘴及山脊分布岗哨和战斗平台，进行深层次防卫，一旦敌军深入就可打反击战。如遇其他沟谷作战，各沟谷驻扎的军队可以在台地迅速集合翻越山岭，就可形成支援，整体构成了一套简易的军事防御体系。

另外，小姚家沟遗址中的地窨子应和文献记载的地窨子式密营相似，但其方形房址以山石作为墙基，再加以土坯为墙，建造结构更为复杂、面积更大，也更适合东北抗日联军在此根据地长期居住。有了稳定的居所，抗日联军就可在此进行农业生产活动以保证充足的后勤补给，这也为反抗侵略者的持续进攻、不断地扩大根据地、发展游击区、壮大自身力量提供了保证。

整个红石砬子山的各个沟谷都分布着同小姚家沟遗址布局结构类似的密营，它们共同组成了红石砬子抗日根据地。每个密营都可以独自存活，但各个密营又依托建立在山脊之上的岗哨、战斗位等互相联系，共同交织成一张集生产生活、战斗警戒为一体的根据地网络，形成具有自身特色的根据地形态。红石砬子抗日根据地军民在长期的对敌斗争中依托自然环境初步建立起了一套简单军事防御体系，利用简陋的武器依托根据地开展了艰苦卓绝的抗日斗争。

团结与反击

1933 年 1 月至 4 月，为消灭游击队，敌人调集日军守备队和大批日伪军对游击队和玻璃河套抗日游击根据地连续发动了四次进攻，其中就有发生在红石砬子抗日根据地南岭的三棚砬子反击战。

1933 年 1 月 30 日上午 10 时，投降日军的原土匪队“东江好”番号的六七百人突然向游击队在三棚砬子附近的驻地进攻。游击队迅速抢占有利地势，一边用猛烈的火力打击敌人，一边对敌军展开政治攻势。队员们边打边喊话“兵士不打兵士”“红军是穷人的队伍”，以瓦解敌人的斗志。日伪军“东江好”队渐渐不敌，向三棚砬子退去。正在这时，另一支日伪军“毛团”及其所部“四季好”从南面向游击队包抄上来。游击队又迅速集中兵力反击，“毛团”被击退。随后，“毛团”所属的另一股日伪军“白莲”对游击队的进攻也被打退。三棚砬子战斗共毙伤敌 20 余人。

其他三次进攻分别在红石砬子抗日根据地的北部的浅草沟、大泉眼、杨宝顶子。四次成功反击让大家的抗日情绪高涨起来，也让大家看到了，只有共产党领导的军队才是真正具有战斗力的革命武装军队，越来越多的军民加入反日队伍中来。

驻烟筒山伪吉林警备第五旅步兵第十四团迫击炮连的将士联合起来，击毙了伪军连长，举行起义。60 余名士兵携带 1 门迫击炮和 40 多支步枪及数千发子弹离开烟筒山，向游击队驻地玻璃河套进发。在玻璃河套，起义部队受到了抗日群众和游击队指战员的热烈欢迎，对他们以民族大义为重，毅然走上反日道路给予了充分肯定，哗变队伍被正式编为中国工农红军第三十二军。受此鼓舞，日伪军第十四团机枪连也带着人马和装备投奔了游击队。就这样，红石砬子游击队的抗日武装力量不断壮大，成长为磐石地区重要的抗日力量。

莫忘红石魂

在红石砬子抗日根据地的生财沟遗址内，村民们都说有片红军坟，有曾经牺牲过的将士们在此长眠。调查队来到那片传说的红军坟，可两眼望去，只有茫茫玉米地，深秋的空气弥漫着玉米收割后的秸秆味，远处的山林在霜后显得越发红艳，此刻，脚下踏着的玉米地是否真的是红军坟已经不得而知，或许人们已经渐渐遗忘在这红石砬子沟谷内的红色故事，遗忘那曾经牺牲的英烈。但考古最大的意义就在于找寻过去，找寻我们来时的路，并更加从容坚定地迈步向前。

作为中国共产党在东北地区建立的第一个抗日根据地，红石砬子抗日根据地不缺英雄，杨靖宇、金伯阳、孟洁民、李红光、李松波、王兆兰、初向辰……一个个名字消散在东北大地上，他们倒下了，却也以另一种方式傲立人间。

砥砺前行，莫忘红石魂！